ダラダラ気分を一瞬で変える小さな習慣

高效工作的
50 个小习惯

Nobutaka Ohira　Asako Ohira
[日] 大平信孝　[日] 大平朝子 著

董真真 译

北京时代华文书局

图书在版编目（CIP）数据

高效工作的 50 个小习惯 ／（日）大平信孝，（日）大平朝子著；董真真译．—
北京：北京时代华文书局，2021.11（2023.4 重印）
　ISBN 978-7-5699-4404-4

　Ⅰ．①高…　Ⅱ．①大…　②大…　③董…　Ⅲ．①工作－效率－通俗读物
Ⅳ．① C935-49

　中国版本图书馆 CIP 数据核字（2021）第 184897 号

Daradara kibun wo issyunn de kaeru chiisana syuukan by Nobutaka Ohira Asako Ohira
© Nobutaka Ohira Asako Ohira 2016 All rights reserved
Original Japanese edition published by sanctuary publishing Inc.
Chinese (in simplified character only) translation copyright © 2021 by Beijing Time-
Chinese Publishing House Co., Ltd.
Chinese (in simplified characters only) translation rights arranged with sanctuary
publishing Inc. through Digital Catapult Inc., Tokyo.

北京市版权局著作权合同登记号 字：01-2019-1093

拼音书名 | GAOXIAO GONGZUO DE WUSHI GE XIAOXIGUAN

出　版　人 | 陈　涛
责任编辑 | 周　磊
执行编辑 | 周　磊
责任校对 | 凤宝莲
装帧设计 | 孙丽莉　赵芝英
责任印制 | 訾　敬

出版发行 | 北京时代华文书局 http://www.bjsdsj.com.cn
　　　　　北京市东城区安定门外大街 138 号皇城国际大厦 A 座 8 层
　　　　　邮编：100011　电话：010-64263661　64261528
印　　刷 | 河北京平诚乾印刷有限公司　010-60247905
　　　　　（如发现印装质量问题，请与印刷厂联系调换）
开　　本 | 880 mm×1230 mm　1/32　印　张 | 7.5　字　数 | 177 千字
版　　次 | 2021 年 11 月第 1 版　印　次 | 2023 年 4 月第 4 次印刷
成品尺寸 | 145 mm×210 mm
定　　价 | 45.00 元

序言

◎ 明明充满干劲，行动上却拖沓懈怠的原因

在脑科学和心理学中有一种行为方式被称为"习惯行为"（routine）。本书将围绕它，向广大读者介绍"瞬间改变拖沓状态，随时进入工作模式的方法"。

也许会有人对此嗤之以鼻，觉得怎么可能会有这种好事呢。

这是因为很多商务人士总是希望尽可能简单、轻松、愉快地完成所有工作。事实上，现实往往并不尽如人意。

- 周一上班后看见堆积如山的邮件，瞬间就没心情回复了。
- 被上司严厉地训斥一顿之后，一段时间内都没有心气去干任何工作。
- 不知道从哪里着手，导致撰写策划书的工作陷入停滞。
- 将所有精力都集中在眼前的工作中，没心思去考虑未来的规划。

在任务截止日期来临之前，工作始终无法取得实质性进展，内心往往焦躁不安。你是不是也有过类似的经历和感觉呢？

敬请放心！这本书就是为了解决大家类似的困惑而出版的。因此，希望广大读者能够试着认真地读一读。

你之所以会变得拖拖拉拉，并不都是你的过错，而是有其特殊原因的。

实际上，正是因为你"想要操控自己无法掌控的事情"，才会出现精疲力竭、灰心丧气的情况，导致工作迟迟打不开局面。

阿德勒[1]在个体心理学中，提出了"课题分离"理论[2]。你要严格区分自己应该处理的课题和对方应该处理的课题，将自己能掌控的课题，

---

[1] 阿尔弗雷德·阿德勒（Alfred Adler，1870—1937），奥地利精神病学家，人本主义心理学先驱，个体心理学的创始人，曾追随弗洛伊德探讨神经症问题，但也是精神分析学派内部第一个反对弗洛伊德的心理学体系的心理学家。著有《自卑与超越》《人性的研究》《个体心理学的理论与实践》《自卑与生活》等，他在进一步接受了叔本华的生活意志论和尼采的权力意志论之后，对弗洛伊德的学说进行了改造，将精神分析由生物学定向的本我转向社会文化定向的自我心理学，对后来西方心理学的发展具有重要意义。

[2] 阿德勒断言，人的一切烦恼的根源就是人际关系。之所以烦恼，就是想获得别人的认可。想要改变这一点，阿德勒给出了一种具体的办法——"课题分离"。所谓的课题分离，指一切烦恼的根源都是人际关系的烦恼，其原因是没有把自己和他人的课题分清楚，要么干预别人的课题，要么任由别人干预自己的课题。自由就是不让别人干预自己的课题。

当成自己应该处理的课题；将只有对方能掌控的课题，当成对方应该处理的课题。通过这样划分界限，明确你应该处理的具体事情。

我们无法掌控的事情有哪些？

相反，我们能够掌控的事情又有哪些？

只有搞清了这些内容，才能改掉自己"拖延症"的毛病。

◯ 将一流运动员通过实践检验的"习惯"充分运用到工作中

因此，在这里我们积极向大家推荐"习惯"这个概念。

针对不熟悉"习惯"这个词的人，只要和他们解释：就像英式橄榄球明星五郎丸步[1]在踢球前的一系列动作一样，或者是棒球明星铃木一郎[2]在击球时的一系列动作一样，就能大体讲明白是怎么回事了。

我们完全可以将一流运动员用来保持注意力集中的一系列动作（习

---

[1] 五郎丸步是日本英式橄榄球队的主力后卫，他在 2015 年世界杯日本力克南非的比赛中贡献 24 分，帮助球队创造了橄榄球史上最大冷门。他在该届世界杯带领日本队赢得三场胜利，两次荣膺单场最佳球员，成为日本家喻户晓的橄榄球明星。

[2] 铃木一郎，日本爱知县西春日井郡人，曾效力于美国职业棒球大联盟纽约洋基队。1991 年被欧力士蓝浪以第四指名选中，1994 年创下日本职业棒球单季最多 210 支安打，并缔造太平洋联盟最高 38.5% 打击率，之后创下连续 7 年都取得打击王的日本纪录。为唯一一位连续 8 场比赛击出安打的球员，赛后入选全明星队外野手。

惯行为）转用到营销人员身上。

在本书中，我将结合具体场合，详细介绍50种"工作中的习惯"。

这些"习惯"都可以在一分钟以内完成。在早晨起床后、上班途中、回复邮件或撰写策划书前，只要按照"习惯"来操作，就可以彻底告别拖沓状态，将全部精力都集中到工作中。

这样一说，有人可能会质疑"习惯只不过适用于极少数的顶尖运动员""养成适合自己的习惯是非常困难的，因此，你所谓的'习惯'根本就不关我的事"。

确实，如果想根据你的工作性质订制"习惯"，门槛是非常高的。

但是，就像西装中有"样装"一样，"习惯"也是有"模板"的，只要能确保即学即用就可以了。出于这种考虑，在本书中，我列举了大量商务场景中通用的情况，汇总了人人都可以轻松学会的50种"习惯"，以飨广大读者朋友。

◎ 任何人都是在不知不觉中按照自己的"习惯"行动的

一提到"习惯"，有人会主观地认为是要从现在开始去新养成的。

但是，实际上，我们往往在不知不觉间已经养成了某个习惯，并按照这种模式行动。

其中，比较有代表性的当数"幸运服饰"了。

大家可以想象一下，当你面对必须拿下的项目展示工作或参加重要的商务谈判等"至关重要"的场合时，是不是也会迷信某种具有特殊意义的"幸运服饰"？比如：自己认为会带来好运的红色领带、幸运饰物、高端T恤和西裤套装等。

通过穿着或佩戴这些"幸运服饰"，可以帮助大家快速完成迎战准备，转换到随时准备"大干一场"的状态。在穿上预先准备好的衣服后，人们往往会产生自信，从而积极面对复杂局面，全身心地投入准备工作之中。这样一来，效果显而易见，它有利于在你工作展示和谈判中占据先机，从而大幅提高成功率。

虽说"幸运服饰"是一种"习惯"，但是，这并不意味着有了它工作就一定会进展顺利。同样，虽说我们已经拼尽全力，但是，这并不意味

"幸运服饰"也是一种"习惯"

着我们总能在比赛中取得胜利。

　　顺便说一下，有一种说法叫作 "讨彩头"[1]，比如：希望在明天的重要谈判中达成协议，因此，我今天特意吃了炸猪排饭[2]，图个大吉大利。"讨彩头"是一种充满祈福色彩的行为，其目的是在即将开展的行动中取得好的结果。

　　"习惯"是为了让你在正式场合中发挥真正实力和水平而采取的一种合理手段。从表面来看，"讨彩头"和"习惯"具有一定的相似性，但实际上，两者的性质是截然不同的。

　　"幸运服饰"的效果早已在电视节目的实验中得到过证明。电视台曾邀请2008年北京奥运会射箭比赛第6名的得主——日本选手守屋龙一做了一期节目。守屋龙一有比赛时信奉的"幸运服饰"——黑色上衣配白鞋。因此，节目组要求守屋龙一穿上与"幸运服饰"款式相同但颜色不同的服装，并营造出与正式比赛相同的压力氛围，对其表现进行记录，用来与穿着"幸运服饰"时的成绩进行对照比较。

　　在实验过程中，守屋龙一先被要求穿着"幸运服饰"进行挑战，结果他发挥出色，5次都命中靶心。之后，他被要求更换"对照服饰"进行挑战，结果5次试射中有1次脱靶。

---

　　[1] "讨彩头"是一个汉语词汇，指求得好预兆。

　　[2] 日语中炸猪排饭的读音是 "katsudon"，其中，"katsu"的读音与"胜利"的"胜"相同，因此，炸猪排饭又被称为"胜丼"。

这充分证明了越是在重压之下，"幸运服饰"就越能发挥威力。

那么，为什么"幸运服饰"这一"习惯"能在重压之下发挥威力呢？这是因为每次都穿同一比赛服，可以适当减轻慌乱和紧张心理。

我想无论是谁，都有那么一件衣服可以令自己感到自信，感到舒心，感到踏实。这充分证明，许多时候，我们其实已经在下意识地发挥"习惯"的作用了。

"习惯"并不是只适合某一部分人的小众"仪式"，而是基于脑科学和心理学理论的"技术"。因为它是一种技术，所以可以通过学习和练习来掌握。无论是谁，只要抓住了它的诀窍，就可以运用自如。

再说明确一点，培养"习惯"并不需要花费金钱或配置工具。"习惯"是一种可以即学即用的简单易懂的技巧。

◯ 养成"习惯"，可以随时转换到"工作模式"

本书主要由三个部分构成，第一部分将介绍"人会变得拖沓、懒惰的原因"，第二部分将介绍"50种高效工作的'习惯'"，第三部分将介绍"养成'习惯'后，应该怎么做"。

大家如果读了第一部分，就能更好地理解"习惯"在实践中奏效的原因。但是，对于那些想要迅速点燃斗志和干劲的人而言，这还远远不够，只有在读了第二部分之后，才能真正学到具体的"习惯"。

话说到这里，有一点必须补充一下，那就是自我介绍。我的名字叫大平信孝，多年来一直从事成就目标领域研究，已经帮助上万人实现了自己的梦想。此前，我曾经为奥运会日本代表团提供过心理服务，并帮助日本大学马术系连续两年称霸全国大赛。之后，我充分运用这些宝贵经验，将所见、所学、所思、所想与阿德勒心理学和脑科学相关理论紧密结合，提出了高效工作的"习惯"，并通过本书与大家分享。

在创作本书的过程中，作为我工作上最佳拍档——我的妻子大平朝子，在理论架构和具体行文过程中给予了最有力的支持与帮助。

大平朝子是问题解决领域的专家，在女性管理者的心理调节和商业模式构建的顾问咨询方面具有丰富的经验，还在我经营的培训学校中担任讲师，已经为超过2300人提供过辅导援助。

由于本书要向大家传递的实用"习惯"不仅适用于男性，对于女性而言也有非常显著的效果，因此，大平朝子的参与就变得至关重要了。在这里有一点要向大家说明，这本书是我们夫妻共同创作完成的，在下文中除了特殊情况以外，均使用"我"而不是"我们"作为主语，请大家多多理解。

普通运动员只是在练习或正式比赛当天，才会想到充分发挥"习惯"的作用。但是，顶级选手往往会将"习惯"渗透到每个细节内，贯穿到整个生活中。

本书从日常生活入手，重点介绍有计划、连贯发挥"习惯"作用的内容，希望能为广大读者朋友提供随时随地转换至"工作模式"的武器。

如果广大读者朋友在读了本书之后，能够充分掌握即学即用的成熟方法，确保随时随地进入"工作模式"，并充满活力和热情地度过每一天，就是我最大的荣耀和幸福！

大平信孝　大平朝子

第一部分

通过"习惯"改变容易陷入
拖沓状态的日常生活

第二部分

随时可以进入"工作模式"的
50个习惯

`习惯 1`　│增强│

第三部分
如果能将良好的习惯坚持下去，人生必会向好的方向发展

第一部分

通过"习惯"改变
容易陷入拖沓状态的日常生活

For a successful life,
routine actions are essential.

放弃执拗于自己无法掌控的事情

在"序言"中，我曾经提到过，人之所以会陷入拖沓状态实际上是有原因的。

陷入拖沓状态、整天无精打采、缺乏干劲和积极性、工作进展不顺利……出现这些问题的真正原因并不是你意志薄弱，或者能力、水平有欠缺，更不是你本身就是一摊烂泥扶不上墙。

当你读了这本书之后，或多或少都会有些感触，觉得"想要改变自己"。可以说，没有任何一个人愿意给其他人留下拖沓、懒散的印象。

我们会丧失干劲和斗志，导致工作陷入停滞状态的最大原因，其实就是对那些自己无法掌控的事情过度执拗。实际上，无法掌控的事情=自己无法左右结果的事情。因此，在面对这种局面时，最好的应对方法就是不采取任何行动。

比如：明明第二天就是工作的最后期限了，但是项目的整体进展情况并不乐观，还有许多事项需要等待最终敲定，如客户的回复、同事的报告、上司的决策等。如果对方一直不给明确的回复或信息，就无法再向前推进工作了。在这种情况下，如果是你的话，应该怎么办呢？

一般来说，如果一些小事情处理不好，很可能就会引发连锁反应，导致大家丧失对工作的干劲，陷入拖沓、懒散的状态，比如："对方不给回信，工作根本无法开展，我真是无能为力了。""明明就快到最终期限了，他们却始终不给回话。真是愁人啊……"等等。

实际上，在这种局面下，并不是真的没有任何事情可做。从个人角度而言，完全可以去与对方积极沟通，提醒他们注意最终期限，或者从自己力所能及的事情开始，寻求解决问题的途径和办法。在确实已经赶不上截止日期的情况下，也可以与对方进行协调，争取说服对方再多给一些时间，或者做好连夜加班赶任务进度的心理和工作准备。

但是，正所谓"当局者迷"，许多人还是会钻牛角尖，总是容易过度执着于"对方没给回信"这件事，从而错过了做好自己应做工作的机会。

虽然这些人并不是故意去消极懈怠的，但最终还是陷入了拖沓状态，导致工作无法取得进展。

实际上，我们的工作一般都是不尽如人愿的，工作根本不会按照你设想的方向发展。

比如：一旦进入公司上班，人们就几乎丧失了选择工作内容、工作时间、工作场所的权利。当然，也不能去选择总裁、上司、同事、下属和客户。不仅如此，连休息时间也很难自己说了算。

此外，工作的截止时间、业绩指标、上司急于求成的心情、下属的拖延症、同事的工作能力以及商品和服务的质量等，也都是我们自己无法掌控的。有时你必须在那些难缠的上司手底下工作，还要为工作单位复杂的人际关系劳心费神。

在这种情况下，如果你过分执拗于那些自己无法掌控的事情，或者自己无法决定的事情，就会变得消极懈怠，难以开展行动。不管我们多么努力，都无法改变那些我们改变不了的事情，于是大家就会遭受挫折，严重影响积极性和进取心，变得拖沓、懈怠起来，最终一事无成。

如果你不是故意想要拖沓、懈怠的话，就应该将关注的焦点放在自己可以控制的区域，也就是"管控区"（Control Zone）。

如上所述，在阿德勒心理学中，这种情况被称为"课题分离"。你只需要将精力集中在自己能够掌控的事情上。那些只有对方能掌控的事情，交给对方去办就行了。

通过划分彼此掌控范围的界限，可以明确你应该做的具体事情。

我们可以掌控的事情1：行动

在我们的工作中，究竟哪些事情是可以由自己掌控的呢？也就是说，哪些因素是能按照自己的想法顺利发展的呢？

我认为，最重要的就是行动。

我们可以控制的因素包括：应该先处理哪些工作，是否适用"报告、联络、沟通"机制，如果适用的话应该在什么时机下实施，以什么样的心态开展工作，通过工作能收获什么……这些都是由你决定的。面对上司的命令，如何理解？如何行动？也都是由你自己选择的。不仅如此，什么时候去卫生间休息、在办公桌上摆什么物品（办公桌周围的环境）也是你的自由。

在开展工作时，我们应该将关注的焦点集中在这些自己能掌控的事情上。

这种思维方式的逻辑非常简单，人人都能理解。但是，一旦遇到了突发情况，往往难以付诸实践，这是毫无疑问的事实。

比如：如果手头积压了数十封未读邮件，就算你不怕一一回复的麻烦，有时也难以确定该从哪封邮件着手。此外，即使只有一封邮件需要回复，但由于内容重要必须向上司和同事确认时，工作也会受到影响，从而陷入停滞局面。

在这种情况下，不应该贸然回复邮件，而是应该先点击回信按钮，写上最开始的一行字。这样一来，就可以对工作进行**"切割分块"**。如果你平时养成了这种工作习惯，就可以降低行动的障碍和难度，当遇到突发情况时，便可以泰然处之，不会陷入"停止思考"的窘境。

实际上，"切割分块"的习惯是一种控制行为的有效方法。对此，我将在第二部分的习惯10（参见第52页）中进行详细介绍。

我们可以掌控的事情2：心态

心态，具体来说，就是如何控制紧张的情绪。

也就是说，平时我们之所以会丧失斗志和勇气，影响工作进展，其重要的精神因素之一就是过于紧张，或者过于松懈。

说得简单点，如果人们想要将精力集中到工作中，就需要"保持适度的紧张"。其中，最重要的就是"度"，无论是被压力逼得过于紧张，还是精神过于放松，都会影响注意力，导致人们无法将精力集中到工作中。

比如：有些不重要的简单工作干起来总是千篇一律，就算个人出现失误，也不会对其他人造成影响。不管工作业绩是否理想、工作状态是否饱满，到手的工资都是一样的。在工作环境和氛围方面，由于上司不会经常到一线视察工作，同事之间的关系非常和谐，相处得就像朋友一样。在这种环境下，人们往往会产生拖沓、懈怠心理，难以将精力集中到工作中，到头来根本拿不出像样的成果。

与之相对，当大家面临超出自己能力和经验范围的困难任务，比如：被强行要求长时间连续加班；在临近工作截止期限之前终日提心吊胆，怕完不成任务；被委以重任，担负着不允许失败的重要工作时，本来就已经感到压力山大，快要不堪重负了，再加上员工之间充满近乎惨烈的残酷竞争，公司内又没有交心的朋友。在这种情况下，人们就会焦躁不安、敏感易怒，处于过度紧张状态，无法将精力集中到工作中。

越是那些认真对待工作、责任心强的人，越容易陷入过度紧张的状态。他们觉得在面对重要工作时，如果过于放松，会给人一种不负责任的印象。因此，不管遇到什么情况，都必须绷紧神经，保持严肃认真的状态。

在工作方面，勤勉确实是不可或缺的重要因素。但是如果过于紧张，就会出现逞强好胜、虚张声势、焦躁不安、言行出位等倾向，反而畏首畏尾，束缚了自己的手脚。

此外，在这种状态下，也难以提出好的想法和创意。当人们陷入低谷时，由于过度紧张，往往会呈现出螺旋式下坠的趋势，难以自拔。

最为理想的状态是保持适度紧张。

发展势头强劲的创业企业往往都符合这个标准。员工们士气高涨，每位成员都充满干劲和热情，一定会给企业带来好的结果。

也就是说，针对那些处于过度放松状态的人，应该适当地施加压力；针对那些处于过度紧张状态的人，应该引导他们适当放松。那些能够不断创造出成果的人，往往都是善于调节自身状态的高手，他们可以通过自我调节保持适度的紧张状态。

控制紧张的"三大开关"

我们究竟应该怎样做才能保持"适度的紧张"呢？

为了保持适度的紧张状态，可以采取三种方法。我将这三种方法称为"紧张开关"。只要打开下述"三大紧张开关"中的任意一个，就可以营造出适度的紧张状态。

①放松紧张状态（放松开关）；
②增强紧张状态（增强开关）；
③转换情绪（转换开关）。

为了保持适度的紧张状态，应该如何从"三大紧张开关"中做出选择呢？关于这一点，为了便于大家理解，我在本书第二部分介绍的习惯中，对"放松""增强""转换"等内容进行了明确的解释说明。

三大紧张开关

① 放松

② 增强

③ 转换

当人们充分利用习惯的效应，在关键时刻瞬间提升注意力，并发挥出自身的真实实力时，大家是不是都会感到欣慰无比呢？

说得更现实一点，当人们已经或者即将陷入"拖沓模式"时，如果可以充分发挥习惯的作用，随时转换到"工作模式"，就能大幅提升工作效率，从而让工作比以往任何时候都顺利。

在工作中，一旦遇到自己无法掌控的事情，就应该及时放手。当需要你发挥主导作用时，就应该充分利用习惯，避免出现拖沓、懒散等问题。这才是我希望通过本书帮助大家领会的真正意图。

通过"习惯"改变你的大脑

明明想改变终日拖沓、懒散的状态，却始终无法取得成效，这是大脑的工作机制造成的。实际上，在日常生活中，真正害怕做出改变的并不是你，而是你的大脑。人的大脑具有"排斥变化"的防卫本能，与新事物和困难局面相比，大脑往往更愿意保持一直以来延续下来的状态，不愿意去面对新的挑战。

为了维持生命，应尽可能规避变化。

当你为了是否采取新行动而感到迷惑时，最好的方法就是观望，不要贸然行动，这样才最稳妥、最安全。

实际上，我们每个人的大脑都有受这种思维模式支配的防卫本能。

比如：那些本来就慢热的人，需要2~3小时来调整状态。但是，如果强迫他们早上五点就起床开始工作，自然会给身心增加沉重的负担。大脑会本能地排斥这种变化，希望恢复原来的生活节奏。就算你想通过意志来控制大脑，最终还是会败下阵来。

这就是所谓的"三分钟热度"。

然而，当你想和拖沓、懒散、缺乏干劲的自己告别时，你有必要与排斥做出改变的大脑深入、持久地对抗吗？

我觉得根本不必去那么做。

那么，应该怎么做才能带来改变呢？要怎样才能战胜大脑的"防卫本能"呢？

答案是"一点一点逐渐改变"。实际上，大脑有一种特性，对慢慢改变的事物具有较强的适应和接受能力。我们将大脑的这种性质称为"可塑性"。

有些人总是提出一些高不可攀的目标，希望在短期内实现改变。但他们并不了解，大脑运行的自然机理是慢慢累积小变化最终实现质变。

在工作方法方面，也是同样的道理。如果你突然做出一些巨大的改变，必然会招致同等巨大的阻力。在这一点上，习惯具有无可比拟的优势，而且不会招致反对。之所以这样是因为它的变化是非常细小的，无论是谁都可以轻松实现，这完全在大脑可塑性的容许范围内。为了实现自然而然的改变，应该借助习惯的力量。

还有一种有趣的现象，那就是当大家对改变习以为常时，一旦一定时间内不发生变化，就会感到不安。这是因为大家已经习惯了变化，将它当成了再普通不过的事情。所谓大脑的防卫本能，是指"习惯于不发生变化"的状态。习惯将其慢慢转变为了"习惯于发生变化"的状态。

这样一来，你周围的实际情况也会随之发生改变。有鉴于此，我希望大家能够充分发挥习惯的作用。

在第二部分中，我们将详细介绍习惯的具体实例。

第二部分

随时可以进入
"工作模式"的50个习惯

习惯 **1**

增强

如果想要以愉快的心情

开启新的一天，

你应指明并确认"目标（目的地）"

指明并确认你的目标，比如：你崇拜的偶像、作为努力目标的榜
样人物照片、给你带来勇气并激励你成长进步的奖杯和奖状

冒昧地问一句，你有梦想和目标吗？

平时，你有多清楚自己的梦想和目标？

拥有目标的人和缺乏目标的人走的是不同的人生轨迹，经过10年之后，他们会过上完全不同的人生。

哈佛商学院曾经针对"同一大学毕业的学生是否拥有明确的目标"发起过问卷调查。10年之后，他们对受访者进行了跟踪调查，结果（特别是在收入方面）令人惊讶。拥有明确目标但是并没有写在纸上的受访者占总受访者的13%，缺乏明确目标的受访者占总受访者的84%，10年之后两个群体的平均年收入拉开了明显的差距，前者的收入达到了后者的2倍左右。而另外3%将目标明确地写在纸上的受访者，其平均年收入竟然是其他受访者的10倍以上。

这最为直接地反映出了"拥有明确的目标"的重要性。我希望大家能将这个目标带来的动力充分发挥到自己的工作中，从每天早晨起床开始就能有个积极、阳光的心态。

早晨起床后，一直感到情绪低落，并带着郁闷的心情离开家门，我们每个人都经常会遇到这种情况。总是觉得"不知道为什么今天状态特别差""今天必须完成策划书，一想起来就让人感到心烦啊……""每天加班，工作却越来越多，快要累成狗了"……心情沉重无比，如果在这种情绪的作用下开始工作，是很难度过充实而忙碌的一天的。

因此，我希望大家能养成一个习惯，那就是起床之后立即要"指明并确认目标（目的地）"。

在这里可以指明的包括：你当作奋斗目标的榜样的照片、你崇拜的人写的书、写有你的梦想和目标的纸条、给你带来勇气并激励你成长进步的奖杯和奖状等。然后，像列车员[1]那样，用惯用手势指明并确认这些目标。仅仅通过这个习惯，就可以将焦点集中到你努力的目标和未来发展的方向。

列车员必须用手势指挥进行确认，是有其理由的。

实际上，手势指挥具有极为明显的效果。与单纯瞭望目标（目的地）进行确认相比，用手指明的方式，可以将意识自动集中到手指引导的方向。

在你的家中没有设置用来激发勇气的物品的情况下，同样适用这种"用手指明"的习惯。一旦遇到这样的情况，你可以用手指指向令自己感到心情舒畅的方向（从脑科学的理论来看，一般是右上方），或者指

---

[1] 在日本的铁路机构中，站台上的列车员在火车进站或出站前后，往往通过手势来指挥，确保乘客安全。

向自己崇拜的人所在的方向。

此外，在实施"用手指明"这个习惯时，可以将目标定得低一些，不必是人生目标那样的宏大目标。

只要是"今天的工作进度汇报一定要取得成功""结束工作之后，一定要去喝一杯冰镇啤酒"之类的小目标，就可以取得显著的效果。在这种情况下，实际上，你应该用手指指向工作进度汇报会场的方向以及畅饮冰镇啤酒的酒吧的方向。

人们在明确了自己的目标，也就是"应该向哪个方向走"之后，根本不用勉强给自己增加压力或者拼命"打鸡血"，就能自然地从内心迸发出无穷的力量。这种目标并不是公司或领导下达的指令，而是完全由"自己"设定的目标，因此，基本不会被周围的状况所左右。请广大读者朋友一定要尝试运用习惯引导目标的感觉，并深刻体会轻松自然创造出力量的成功经验。

习惯 **2**

增强

早晨赖床时，
你应该听听自己的"主打歌"

早上不愿意起早的人，在醒来睁开眼后，应该听听充满正能量的"主打歌"，以便唤醒昏昏沉沉的大脑

与"先有鸡还是先有蛋"的问题类似，那些习惯赖床的人总是以"早上起不来"为借口躲在被窝里偷懒。实际上，这是一个恶性循环，越是愿意待在被窝里，就越"早上起不来"。大脑是在驱动身体行动后，受到刺激才真正开始运转的。

从脑科学的角度来看，调动积极性和干劲的关键就是"驱动身体行动"。

也就是说，人的大脑中有一个可以控制积极性的开关——伏隔核。伏隔核在受到刺激后，会分泌出多巴胺。这就是催生动力和干劲的源泉。

但是，如果不受到外界刺激，这个伏隔核也不会自动发挥作用。刺激可以驱使身体行动。也就是说，不管你多么困，只要下定决心告别赖床生活，并且能落实到行动上，坚决地从被窝里爬起来，最终就一定会成为"能起早的人"。

为了确保早上能够充满活力地起床，可以适当改变思维方式和视角，比如：从"太困了，要不再稍微睡一会"向"正因为太困了，才应该立即起床"转变。为了取得这个效果，第一步先要完成从被窝里爬起来这个简单的行为。在这一阶段，需要大家养成的习惯是"选择适合自己的主打歌"。用歌曲调动身体，感受节奏和韵律，从而刺激大脑，令自己清醒地意识到"已经是早上了！是到该起床的时间了"。

关于歌曲，建议选择像偶像团体AKB48[1]的《恋爱幸运曲奇》之类的快歌，可以配合着节奏调动肢体运动起来。由于旋律比语言更容易直抵人心，可以直接作用于人的大脑，因此，在实际尝试时，请选择那些能令人以愉悦的心情开启一天工作的歌曲。除了快歌外，我们还推荐那些能够激发斗志的正能量歌曲。在我的客户中，就有每天早晨都播放电影《洛奇》[2]的主题曲*Gonna Fly Now*的人。

但是，有一点需要注意，不管你有多喜欢，都应尽量避免在早晨就听那些曲调悲怆、气氛沉重的乐曲，比如：肖邦的《离别》或者贝多芬的《命运交响曲》等。早晨并不适合听"离别思乡""走投无路""颠沛流离"之类充满不幸情绪的乐曲，而应该选择那些曲调欢快、积极向上、能带给人快乐和幸福的歌曲。

---

[1] AKB48 成立于 2005 年 12 月 8 日，是日本大型女子偶像组合，由秋元康担任总制作人，分为 Team A、Team K、Team B、Team 4 与 Team 8 五支队伍。

[2] 由约翰·G. 艾维尔森执导，西尔维斯特·史泰龙、塔莉娅·夏尔等主演的剧情片，1976 年 11 月 21 日在美国首映。影片讲述了一个籍籍无名的拳手洛奇与重量级拳王阿波罗争夺拳王金腰带的故事，并获得了第 49 届奥斯卡最佳影片等奖项。

习惯 **3**

转换

如果想改变早晨起床后
手忙脚乱的状态，
你应拿出10秒认真收拾床铺

不管早晨多忙，你都应该认真地收拾床铺，就算只是叠叠被
子也可以改变心情

在欣赏"自己的主打歌"的同时，我还想让大家做一件事，那就是整理床铺。

在忙乱不堪的早晨，如果能够留出时间整理床铺、收拾房间环境，就可以有条不紊、清清爽爽地开始一天的工作。

如果早晨能够收拾好床铺，还有一个额外的好处。

请你用心想象一下。每天晚上忙完工作带着疲惫不堪的身体回到家里，如果面对的是早晨慌慌张张离开时留下的一片狼藉的场面，连被子都堆在那里没叠的话，你会怎么样呢？

在这种状态下，你会感到更加疲惫，将萎靡不振的状态一直延续到第二天早晨。人们将这种现象称为"透支未来"。

与之相反，如果深夜回到家里，看见的是叠得整整齐齐的被子，那么又会做何感受呢？

如果看见被子叠得整整齐齐，人就会有一种松口气的感觉，更容易让自己紧张的心情得到放松。这样一来，晚上就能睡得更踏实。由此可见，早晨的一点小动作，就会对晚上的睡眠带来好的作用。人们将这种现象称为"储备未来"。

　　对于那些坚持认为"工作太忙了，早晨根本没有时间"的人而言，简单叠叠被子的时间还是能挤得出来的。请一定抽出时间，试试10秒就能完成的"储备未来"。

习惯 **4**

转换

如果想轻松愉快地度过
早晨的美好时光，
你应尽可能地留出"早茶时间"

一日之计在于"晨"（从起床开始到上班为止的时间），这个"晨"应该是进入工作状态的开始。每天早晨，你应该留出时间，慢慢地享受一下你最喜欢的饮品，轻松地度过只属于自己的美好时光

无论是谁，都想悠闲舒适、心情愉快地度过早晨的大好时光，而不愿意手忙脚乱、慌慌张张地赶时间过日子。但是，现实是非常残酷的，人们总会遇到各种各样的意外情况，比如：睡眠不足、宿醉不醒、身体状况不佳、熬夜、照顾孩子、工作项目马上要到截止期限等，很难完全按照自己的意愿去生活。

许多人总爱给自己设定一些美好的愿景，比如："明天一定要好好休息""等到工作告一段落就好了""要是有时间的话"……这无异于画饼充饥。如果你只是一味地等待具备条件的"某一天"，就永远也无法盼来自己想要的理想的早晨时光。

这是因为"某一天"是永远不会到来的。对我而言，真正重要的只有"现在"。因此，如果想要过上自己梦想中的早晨时光，就只能从"现在"开始付诸实践。

下面，我将介绍一个习惯，帮助大家在忙乱不堪的环境中，心情愉快地开始每一个早晨。

那就是"早茶时间"。

希望广大读者朋友每天早上能够预留品味一杯自己喜欢的饮品的时

间，将所有的烦恼和忧愁放在一边，度过你真正想要的梦幻时光。

早晨或许是一天中最忙碌的一段时间，但是，还是应该想办法确保自己可以自由支配的时间。通过"先满足自己"营造好的氛围和环境，给自己带来好的心情，并让自己保持乐观积极的精神状态。如果每天都能心情愉快地度过美好的"早茶时光"，那么不管白天发生什么情况，都可以在短时间内恢复良好状态。

人们在心情好的时候，看到的往往都是事物积极的一面；在心情糟糕的时候，看到的往往都是事物消极的一面。在心理学中，这种现象被称为"情绪一致性效应"[1]。

也就是说，如果每天早晨都能处于心情好的状态，就会激发人的积极性和创造性，从而更加机动灵活地处理人和事。

我有一个习惯，就是每天早晨起床后，都会在家里冲上一杯咖啡，并慢慢地享受它香浓的味道。我家里有上小学的孩子们，因此，每天早晨就像一场战斗，总是令人感到忙乱不堪。只有在喝咖啡的三分钟里，我才能放缓节奏，真正调节好自己的情绪。不管有什么烦心事，我都可以暂时放在一边不去管，"只要关注当下，充分享受咖啡的美味就可以了"。

---

[1] 又称"心境一致性效应"（Mood Congruence Effect），认为人们倾向做出与情绪状态相适应的反应，积极情绪会诱发积极评价，消极情绪会诱发消极评价。

　　对于那些总是强调自己没有时间的人，完全可以在赶地铁或公交车的途中喝一杯自己喜欢的饮品，就算只是在便利店或自动售货机上买一瓶罐装咖啡，也算是肯在自己身上花时间的一种表现。

　　我有一位女客户非常爱喝茶，每天早上一到办公室，第一件事就是先在茶壶中沏上一壶红茶慢慢品用，并将这作为一种雷打不动的习惯。她有一个孩子，因此，在家里很难享受悠闲的个人时间，只能将早茶时间挪到公司里。她经常向同事传授经验说，这个习惯有助于帮助自己缓解压力和焦躁，令人有充沛的精力去干自己的工作。

　　一旦开始工作后，就必须去应对各种各样的杂事，比如：紧急事务、处理故障、接待客户等。因此，根本没有空闲让人享受独立的空间。这样一来，大家就会在不知不觉间将满足自己的要求向后放，从而容易忽视自己内心的感受。

　　正因为如此，才更应该在拉开一天帷幕的大好晨光中，主动挤出属于自己的宝贵时间。

习惯 **5**

转换

如果想以最好的状态

开始一天的工作,

你应该昂首挺胸地通过自动检票口

你可以试着在通过自动检票口的三秒钟内,扮演自己心目中

的榜样,昂首挺胸,迈出飒爽有力的脚步

可能有些唐突，在这里要向大家介绍一个概念，那就是"自我意象"[1]，它是指某人的自我定位和认识，比如：坚持认为"我就是这种人"等。人的大脑往往会受到自我意象的驱使，试图去将其转化为现实。因此，如果你的工作遇到困难，陷入停滞状态的话，其重要原因之一可能就是你的"自我意象"。

比如：拥有同等才能和经验的人，在实际工作中发挥的作用，往往截然不同。有的人干得风生水起，能创造出丰硕的成果；有的人则碌碌无为，拿不出像样的业绩。那么，为什么会出现这种情况呢？实际上，

---

[1] 所谓"自我意象"（self image）就是一个人对自我所刻画和认可的自我"图像"或"肖像"，是人对自我是什么样的人、能干什么的认知和评价。自我意象的形成不是天生的，而是建立在已有经验基础上的，如成功或失败的经验、欢乐和痛苦的经验、荣誉和屈辱的经验等，以及他人对自己的评价和反馈，特别是童年、少年时期的独特经历下不自觉地形成的。自我意象可分为积极的自我意象和消极的自我意象，前者是对自我的正性评价，如自我接纳、自尊、自信、自爱、善于克服困难等；后者是对自我的负性评价，如自我否定、自卑、压抑、自暴自弃、脆弱、意志力薄弱等。

这在很大程度上是受到了"自我意象"的影响。

那些在工作中能够创造出成果的人，往往充满自信，坚信"自己天赋异禀，一定能干成事"。相反，那些一事无成的人，往往自怨自艾，经常会为"自己一无所长，缺乏自信"而烦恼不已。

在周围的人看来，前者可能太过自信甚至有些滑稽可笑。但是，这些人的自我意象往往定得很高，不管世人怎么看，在现实生活中，前者往往更容易取得成功。

这种现象并不仅限于工作领域。做任何事情，只要你想象不到，就绝对无法实现。

历史上有一个著名的斯坦福监狱实验，有力地证明了人们往往会变成自我意象中想象的样子。1971年，美国心理学教授菲利普·津巴多和同事们在斯坦福大学地下室搭建了一个模拟监狱，并招募心智正常、身体健康的志愿者实施为期两周的实验，他们将志愿者分为两组，分别扮演囚犯和警察。

在最初阶段，囚犯和警察之间并没有表现出任何差异。但是，随着时间推移，扮演警察的人变得越来越像警察，扮演囚犯的人行动变得越来越像囚犯了。在不知不觉间，扮演警察的人甚至开始对囚犯施加明文禁止的各种暴力行为，结果，实验不得不在第六天时被迫提前结束。

这个实验揭示了一个现象，那就是人们会根据大脑中想象的自我形象，改变自己的实际行为，甚至是人格。

那么，人们应该如何来改变自我意象呢？在这里，我向大家介绍一种简单实用的"自动检票口三秒角色扮演法"。

也就是说，在通过地铁自动检票口的通道时，听到哗的刷卡声后，自己开始扮演自己心目中的榜样。要想学会这一方法，首先需要明确未来的自我意象，也就是自己想要成为什么样的人；其次要在听到哗的一声的瞬间，挺胸抬头，昂首阔步地走过通道。

实际上，自我意象是你创造出来的，完全由你自己做主，可以随时随地做出改变。

虽说被称为自我"意象"，但是，建议大家最好从改变"姿态"开始，而不是急于改变"意象"。意象是抽象的、主观的、充满暧昧色彩的，极难把握，与之相比，姿态则一目了然，因此非常容易改变。

本来挺胸抬头的状态就是积极向上心态的外在表现，这往往意味着事情进展非常顺利。因此，仅仅是挺胸抬头这一个动作，就可以提升自我意象。与之相对，当事情进展不顺利，或者过得不如意时，人们往往会弓腰驼背、步履沉重。

从某种意义上看，"自动检票口三秒角色扮演法"更像是一种幻想。但是，它同时也是提升自我意象的一个绝佳机会。昂首挺胸的人往往给人一种气宇轩昂的感觉，在沟通和交流的过程中，会增强说服力和可信度。

我的一位客户Y女士曾经抱怨说："工作单位的氛围特别差，光是想想要去上班就觉得心情沮丧，提不起精神来。"以前她总是面无表情地通过自动检票口。自从知道了"自动检票口三秒角色扮演法"后，她就开始想象模特们迈着台步走过星光大道时的情景，并将其作为习惯在日常生活中积极实践，最后取得了意想不到的效果。

后来，她对我说："虽然只有三秒钟，但是一旦改善了个人姿态和形象，就能保持一段时间。因此，到了公司之后，我还可以趁着这个势头，以积极愉快的心情开始新一天的工作。"

不仅是通过自动检票口时，在情绪低落或心情不佳时，也可以拿出三秒钟，想象一下自己希望成为的人，这样一来，就可以快速地调节心情，效果非常明显。

习惯 **6**

增强

在乘车上班途中的空闲时间，
你应该抓住第一分钟进入学习状态

你可以试着在上车之后的第一分钟开始学习有益于未来发展的知识

　　我想许多人在每天上班乘车时，总是习惯于两手空空的，什么书也不带。你每天在乘车去上班的途中都会干些什么呢？打开社交软件，与认识的朋友交流，也许是一个选项。

　　实际上，在上班途中，只要身体挤上了车，剩下的时间就是完全自由的，可以随意支配。在这段时间，不应消极被动地应付打发，而应积极主动，充分发挥其作用，促进自己的成长进步。

　　是否能够有效利用上班途中的乘车时间，关键在于上车之后的瞬间。那些善于利用这段时间的人，往往会**提前思考并决定**在车上应该干什么事。如果不事先决定要做什么事情，就容易觉得百无聊赖或者觉得"反正什么东西也没带"，干脆打开智能手机或平板计算机打发时间。

　　在乘车之后，可以试着决定就用最初的一分钟"学习××"。

　　在刚开始学习时，可能会感到有些枯燥无聊。但是，无论学什么，都能有所收获。就算是浏览一些英文文章，也有利于提升自己的英语水平，算得上是一种积累和收获。

　　在我的客户中，有人决定在上班途中的乘车时间不读实用商务技巧类书籍，而读与历史和文化相关的小说，也有人决定看看车上滚动播出的广告，从中把握商机和时代发展的潮流。

这种方法的关键在于明确学习不是为了公司，也不是为了客户，而是为了自己，是花费时间对自己进行的一种投资。也就是说，每天在上班途中利用第一分钟，学习个人感兴趣的知识，为实现未来的理想夯实基础。

在过了第一分钟后，如果感到心情愉快，就继续学习下去。如果感到进入不了状态，就可以立即停止。

那些在工作中表现出色的人，往往会在早晨离家上班之前，就想好自己想要做的事情或者对自己而言重要的事情。

科学实验证明，人脑在睡眠期间也会处理信息，因此，每天早晨的大脑是非常清醒的。从脑科学的角度来看，当大脑中积压了大量未处理的信息时，往往来不及进行信息分析和整合，从而严重阻碍思考。正因为如此，在大脑最为清醒和充满活力的"早晨开始工作之前"，才更要抓好应该抓的事情。

每天只需要将短短的一分钟充分用到有益于未来发展的学习中，就相当于做了一天的风险对冲[1]。之后，当遇到困难、挫折而感到情绪低落

---

[1] 风险对冲是指通过投资或购买与标的资产（underlying asset）收益波动负相关的某种资产或衍生产品，来冲销标的资产潜在的风险损失的一种风险管理策略。风险对冲是管理利率风险、汇率风险、股票风险和商品风险非常有效的办法。

时，也能在短时间内恢复正常。这是因为完全为自己未来发展考虑的一分钟学习法，可以锻炼一个人的意志，让大家明白就算在工作中遇到失败，也不意味着"人生就此失败了"。

在教练[1]领域，这种情况被称为"提升思维层次"或"提升抽象能力"。比如：当你为眼前的事情忙得不可开交之时，突然发生了严重的问题，可能就会导致心理彻底崩溃，觉得"这下子全完蛋了"，从而举手投降。但是，在这种局面下，如果能站在项目整体、公司整体、行业整体或者你的职业生涯整体的角度来看问题，从更高的层次俯瞰全局，就可以改变自己执拗的心态，有时会发现出乎意料的问题解决方法。

越是在工作陷入停滞、迟迟无法打开局面的时候，越应该试着在每天早晨开始工作之前，确保对自己人生而言无比重要的、为自己未来投资的一分钟。如果你能坚持这么做，就会发现在工作中，心平气和地处理事务的时间会越变越多。

---

[1] 教练（coaching）起源于20世纪70年代初的美国，是从日常生活和对话、运动心理学及教育学等发展出来的一种新兴的、有效的管理技术，能够启发受教者洞察自我，发挥个人的潜能，有效地激发团队的力量，从而提升企业的生产力。

习惯 **7**

增强

在上班途中想要进入
"工作模式"时，
你应该想象"最高的回报"

你可以试着想象当天工作进展最顺利的状态，比如：顺利提
出新合同的方案、明确解决疑难问题的共同基础等

"如果有时间的话，我应该能做得更好……"

"做到这种程度应该不会有人投诉了，算是过关了吧！"

如果总是粗心大意，每天的工作就容易懈怠，从而放松对自己的要求，经常做出妥协。这样一来，慢慢就会丧失初心，不知道为什么而工作。总有一种被迫工作或者为了谋生而敷衍了事的感觉，光想着去打发工作时间，不琢磨如何提高业务水平，进而影响工作质量，不仅如此，由于每天都过得浑浑噩噩、毫无意义，反而会增加疲惫的感觉。

因此，推荐大家养成在上班途中想象"最高回报"的习惯。也就是说，在上班途中无聊的时候，要注意集中精神去思考、想象今天的工作能够取得什么样的成果和回报。

针对今天工作的回报，要积极地问自己："真的是干成什么样都行吗？""做哪些事情有利于实现目标呢？"

我在实施企业培训的过程中，曾经遇到过每天都在想象当天工作最大回报的学员。针对这种学员，我会建议他们不仅要将关注的焦点放在今天，还应该想得更远一些，比如针对这周、下周、下个月工作的具体落实问题，真正地问问自己，思考一下具体应该怎么办，为了实现目标自己应该做什么、能够做什么。

不仅是今天，还要想象一下未来的工作目标，以便推动工作更加顺利地开展。

在教练领域，预先设定目标并模拟实现目标过程的方法被称为"心理演练"（mental rehearsal）。

心理演练的作用之一就是调动大家的积极性，激励每一个个体向着目标努力行动。这种机制并不是直接对个体进行说教，威胁他们"如果不……就不行"，而是充分调动个人的主观能动性，引导他们自己去想象，从而更为积极地推动工作顺利开展。

既然无论如何都要干工作，与其浑浑噩噩地混日子，还不如有效地利用时间，高质量地完成工作，这样才会过得更加充实、快乐、有意义。同样是度过一天，头脑中有目标还是没有目标，最终结果是截然不同的。请大家一定要通过亲身实践验证一下。

习惯 8
放松

为了轻松愉快地度过上班途中的时间，
你可以顺道前往带给自己信心的
"能量之源"

在上班之前，你可以顺道前往寺庙、咖啡厅、公园等能够治
愈你内心、令你感到心情愉快的场所

在足球和棒球等体育运动项目中，比赛时有"主场"和"客场"之分。

根据美国的研究数据，从棒球、美式橄榄球、篮球、足球、冰球等顶级联赛的统计结果来看，球队出征客场时的战绩远不如坐镇主场。这是因为在主场比赛时，队员们对于场地和草坪等硬件环境比较熟悉，再加上大批观众的加油助威，有利于充分发挥自身实力。人们将这种现象称为"主场优势"。

对于你而言，办公室无异于"主场"，是最为理想的工作环境。但是在实际工作中，由于各种因素的影响，比如：工作进展不顺利、遇上难缠的上司、不分白天黑夜地加班等，往往存在"主场"变为"客场"的倾向，这种情况并不少见。

在这种情况下，应该在公司附近预留一个可以令自己安心的"主场"。当工作或人际关系陷入困境时，如果有个避风港能让自己松一口气，就会令人感到备受鼓舞，从而产生安全感。

在我的客户中，有个人每天早晨上班途中，都会顺路经过寺庙。对于他而言，寺庙就相当于他的"能量之源"。后来他对我说，每天只要在寺庙门口过一下，自己就会变得神清气爽、精神百倍。

上班途中，你可以不用特意绕道去寺庙，只要是路过的咖啡馆、便利店，或者是绿草如茵的公园都可以。如果找不到特定的场所，你可以试着选择一条自己喜欢的路线作为固定的上班路线，并养成习惯。

在选择"能量之源"时，要注意避开那些阴暗潮湿、环境恶劣、臭气熏天的场所，尽量选择能够感受到早晨新鲜空气的线路，这一点至关重要。

在许多情况下，公司内的环境是你无法自由决定的。但是，如果你光是等着别人创造有利于充分发挥个人能力的良好环境，那么最终必将大失所望。你不会等来任何改变。

只有下定决心创造属于自己的环境，才能让自己过得舒心满意。在早晨上班途中的闲暇时间，只要稍微花费些心思，就可以营造出令人心情愉快的环境。

请大家一定要试着寻找自己的"能量之源"。

习惯 **9**

放松

当你想要摆脱工作环境中
"客场"的感觉时,
你应该向办公室问好

在办公大楼入口处,你可以鞠上一躬,然后再进入办公室。通过
鞠躬问好,你可以减轻"客场"感,将办公室变得像"主场"

在前文中提到了"主场"和"客场"的概念。那么，对于你而言，办公室究竟是"主场"还是"客场"呢？

从理想的角度出发，我希望大家能将办公室作为自己的"主场"。

但是，如上所述，由于各种理由，实际上，对于许多人而言，办公室已经变成了"客场"。

那些办公室已经变为"客场"的人的工作业绩，远远比不上将办公室看成"主场"的人。

这是因为当人感到过度紧张、不安或惶恐时，大脑就会认为发生了紧急事件，从而将所有的注意力都集中到如何规避风险、实现自保上。在这种情况下，虽然可以在瞬间提升工作表现，但是由于产生了"战逃反应"[1]，所以，无法长时间保持状态。

比如：在散步过程中，如果突然发现一条蛇，人们就会感到恐惧，

---

[1] 全称为"战斗或逃跑反应"（fight-or-flight response），是心理学和生理学术语，1929年由美国心理学家怀特·坎农提出。在这种机制下，机体经一系列的神经和腺体反应引发应激，使身体做好防御、挣扎或者逃跑的准备。

刺激身体自动进入逃跑状态。同样，当一个人发现自己的办公室逐渐变成了"客场"之后，就会下意识地产生规避危险的反应。

与之相对，当一个人在办公室中感到轻松愉快并且非常享受时，就会扩大自主思维和行动的范围。

这样一来，就能充分调动他的积极性、创造性和主观能动性。那些将办公室当作"主场"的人，工作的时候自然能够提出具有创造性的设想。用心理学术语来说，这就是"拓展与建构理论"[1]。

综上所述，我将向大家介绍一种只需要在上班途中拿出五秒钟，就可以提升工作状态和表现的习惯：在办公大楼入口，（向办公室）认真地鞠躬问好。

向办公室问好，可以减轻"客场"感，将办公室变得更像"主场"。

如果想进一步拉近与办公室的距离，还可以小声地对着办公室打招呼说"我回来了"。

我的客户A先生自从每天向办公室问好后，真的实现了心理转变。他对我倾诉说："我真切地感受到办公室变成了自己的朋友和伙伴，在处

[1] 拓展与建构理论由美国著名心理学家芭芭拉·弗雷德里克森提出。该理论认为积极情绪体验不但反映个体的幸福，而且有利于个体的成长和发展，具有长期的适应价值。即积极情绪具有两大核心功能：瞬时的拓展功能，可以拓展个体即时的思维行动范畴；长期的建构功能，可建构个体长久的身体、认知、社会等资源。通过这两大功能，积极情绪促使个体产生螺旋式上升并增进个体幸福。

理问题时，也能心平气和地冷静应对了。"还有一位K先生，在向办公室打招呼说"我回来了"之后，他发现"以前结束工作后，总会感到筋疲力尽，但是在与办公室真心交流后，再干同样的工作时，完全感觉不到疲惫了"。

　　如果能将办公室变成"主场"，就可以将其转化为自己的伙伴和朋友。为了实现这一目标，让我们先从在办公大楼门口问好开始，试着养成进入办公室的习惯吧！

习惯 **10**

放松

当电子邮件积压如山时，
你应该从最容易回复的
邮件开始回信

快速
回复

当积压了数十封电子邮件时，切勿按照时间顺序从最早的一
封开始回复，你应该从最容易回复的邮件开始处理，最好是
用"已经收到了""稍后会立即确认"等一句话解决问题

在刚刚结束休假或者工作最忙的时候，打开电子邮箱后，发现里面有数十封邮件需要处理。一旦面对这种情况，就算逐个回复邮件本身并不困难，大家也往往会为不得不处理的邮件数量而困扰，感到心烦意乱。在这种情况下，先要在精神上放松，学会"减少数量"。

解决这一问题的关键在于"切勿按照时间顺序从最早的一封开始回复"。

收到邮件后间隔越久，回复时就越费事。这是因为随着时间的推移，邮件就像是睡着了一样，把它"唤醒"需要费很大的功夫。随着记忆越来越模糊，光是重新记起来就需要消耗一定的能量。如果再遇上需要下大力气从头开始处理的邮件，自然就更麻烦了，很可能会影响好不容易才调动起来的干劲。

在面对电子邮件积压的情况时，应该从最容易回复的邮件开始处理。

最开始时，只处理那些一句话就可以答复对方的邮件，比如："已经收到了""稍后会立即确认"等。然后，选择那些可以通过固定格式和模板进行回复的邮件来处理。

　　当未回复的邮件数量减少到一定程度后，人就会产生一种成就感，觉得"只要认真处理总能完成""看起来应该能处理好"，从而站在更加积极的立场上思考问题。

　　这样一来事情就好办了，只要能够将这种积极性坚持到最后，就可以顺利地处理好所有的邮件。

　　在教练领域，这种方法被称为"分块"或"下切"（chunk down）。在商业领域，大家可能更熟悉"分解"（break down）这个术语。

　　总而言之，在面对不易解决的复杂问题时，可以将问题不断切分、细化到自己可以处理的程度。

　　我经常将处理积压邮件这件事比喻成"骑自行车"。在最开始蹬脚踏板时，往往会感到非常费力，但是一旦车轮开始运转就意味着进入了正轨，之后不用那么费力也可以顺利骑行了。其实，在面对那些最初看起来非常棘手的业务时，也是一样的。如果能将它们切分为一个个小目标，并认真对待，最终一定能轻松地推动工作顺利开展。

习惯 11

放松

当遇到棘手的电子邮件
需要处理时，无论如何，
你应该试着先写上开头的一行字

在面对棘手的邮件时，人们最先感受到的并不是必须处理好的责任感，而是往往觉得处理不好就麻烦了，于是就慢慢将它放在那里置之不理。无论做什么，第一步都是至关重要的，因此你先要写上开头的一行字，试着站上起点

在面对需要耗费精力回复的重要邮件时，光读一下正文，就会觉得心情沉重。

只是正文还能接受，如果附件的内容也非常难以处理，就会令人感到身心俱疲。虽然自己试着拼尽全力去认真回信，但是结果并不尽如人意。我想许多读者朋友可能都有类似的经历。

针对这些被搁置起来的邮件，大家往往会陷入坐等的状态，要么等来信一方催促，要么等自己恢复精力或者截止日期到来，这样一来，回信就变得遥遥无期了。

当人们将自己应该做的事情往后拖，或者将今天能做的事情推到明天去做时，是无法将这些事情完全抛诸脑后的。于是，就会产生焦虑感和半途而废的自责感，并在这种状态下开展工作。如果能在产生这种问题之前回复邮件，就可以给自己赢得更多轻松愉快工作的时间。

那么，在不愿意回复邮件时，应该如何创造"机会"，重新找回失去的积极性呢？

刚才，我和大家分享了"骑自行车"的例子。实际上，行动中最困难的阶段就是正式开始之前。因此，我建议大家养成**回信时先写上开头一行字的习惯**，并在现实生活中积极实践。

在骑自行车时，一旦踩下踏板，后面就会变得轻松了。回复邮件也是一样，在写下开头的一行字之后，杂乱无章的思绪和心烦意乱的情绪就会得到缓解，工作的效率也会慢慢提高，开始朝着目标不断前进。在认真对待后，大家就会得到回报，回复邮件时会感到出乎意料的轻松。

从脑科学的角度来看，正确的顺序不是"积极性引发行动"，而是"行动引发积极性"。

在习惯2中，我曾经提到人的大脑中有一个可以控制积极性的开关——伏隔核。如果伏隔核没有受到人体行动带来的刺激，就无法分泌出多巴胺。

也就是说，调动积极性的诀窍是"动起来"。行动是控制大脑积极性的开关。

无论如何，要先写上一行字。这个极其细微的行动会变成刺激源，带动伏隔核发挥作用。这样一来，积极性自然就被调动起来了。

我的一位客户有个习惯，他不喜欢将那些必须花费时间去读的邮件附件往后推，而是将它打印出来处理。这样一来，他就可以顺利地过渡到接下来的工作中，省去了费两遍工夫的麻烦。

当你为回复邮件感到棘手时，可以试着养成"开个好头"的习惯，顺利转换为充满干劲的"积极模式"。

习惯 **12**

放松

当遇到无论如何也写不出
策划书的情况时，
你应该试着先拟一个标题和章节序号

在撰写策划书时，你最先要做的是草拟标题，并列出各章节序号，从那些不用深入思考就可以轻松完成的简单工作开始

在撰写策划书、工作计划和报告等文件时，需要充分发挥创造力和想象力，并且还要进行深入的思考，否则就无法取得预期的效果。与那些可以通过机械劳动重复处理的工作相比，这无疑要耗费更多的时间和精力。因此，不管你多么努力，都可能会出现无法如期完成的情况。

在这种情况下，为了赢得"转机"，可以从不动脑子就能完成的部分开始，比如标题和章节序号等，这样一来，就能顺利地开好头。

人们有一种心理：一看到空格或空白就有把它填满的欲望。这就是所谓的大脑的"空白原则"。

人的大脑会将"未知状态（空白）"视为危险，将已知状态视为安全。如果无法解决疑问，大脑的自动检索系统就会自动运行，开始尝试寻找答案。

当遇到"写不出好的策划书"的问题时，最先要做的就是写上策划书的"标题"，并在第一章标上章节序号"1"，留出待填充的空白。接着再标上章节序号2、3、4、5……同样留出空白。当看见划分得这么细的空白时，人们就会产生将它填满的欲望。

然后，应该从容易填补的空白部分开始，先写上合适的关键词。在写关键词时，不一定非得按照章节序号来写，可以随机选择容易填写的部分补充完整，比如：写完2的关键词后，可以跳到4……这样一来，可以在不过分施加压力的状态下，构建起整体的流程框架。

做到这一步就完成了一半，剩下的就是根据关键词来推敲文字了。与一下子就拿出文章来相比，这种方法更加有助于顺利地完成任务。

我们往往无法按照自己的意愿挑选工作，有时会面对被安排连续起草重要文件的情况。虽然我们无法选择业务的内容，但是只要能在业务的推进方法上多下功夫，同样可以轻松愉快地让工作顺利进行。当你为起草文件感到一筹莫展时，请别忘记充分运用这一习惯。

习惯 **13**

放松

当遇到无论如何也写不出
策划书的情况时，
你应该试着从结尾的文字开始写起

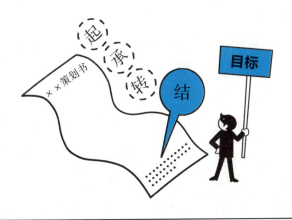

如果从开头开始严格按照顺序撰写策划书，就会出现拘泥于
细节、无法向前推进的问题。我认为提高撰写速度的诀窍是
从结尾的文字开始写起

前文介绍了提高策划书写作速度的习惯。还有一个防止陷入停滞局面的习惯，在这里一并推荐给您。

快速提升策划书写作速度的另一个习惯可能有些出乎大家意料，那就是 从结尾的文字开始写起。

这个习惯运用的也是大脑的"空白原则"，也就是"一看到空格或空白就有把它填满的欲望"。

可以先将策划书最后一句结尾的话写好。这样一来，大脑就会将"空行（空白）"视为危险，从而开启自动检索系统，寻找得出结论的线索和路径。

此外，如果按照"起承转结"的顺序来写，那么，结论的部分就没有任何空间了，但是，如果从"结"的部分开始写，就可以不受掣肘地自由发挥想象力。

对于完美主义者而言，从后向前的写法有利于改变挑剔的态度，从而避免因为过度执拗于细节而影响整体效果的情况。由于是从后向前慢慢推进的，策划书的重点可能并不突出、明确，因此，策划书的初稿自然会显得非常粗糙。但是，这并没有什么问题，请试着先从最后的文字开始写起。

在完成初稿后，可以从头开始再整体进行一遍修改，认真完善细节。这种方法可能会给人一种前后颠倒的印象，看起来效率并不高。但实际上，在具体操作过程中，你会发现它在推进业务开展方面的效率非常高。

我的客户H先生在应用这个习惯更新博客时，就用亲身经历验证了"从结尾的一句话开始写起"的有效性，成功将更新博客的频率提高了一倍，可以在短时间内完成博客文章上传。这样一来，就有效缩短了博客更新的时间，给人一种可以在短时间内发表最新动态的印象。

在撰写策划书的过程中遇到停滞不前的问题时，请别忘记试着运用"从最后一行文字开始写起"的习惯。

习惯 **14**

增强

当遇到耗时耗力的工作时，
你应该明确"两个时间期限"

针对那些无法在短时间立刻完成的工作，你应该明确两个期限："开始期限"和"截止期限"。不仅要明确截止期限，还要设定开始期限，这一点非常重要，通过这种方法可以顺利启动工作

正如大家平时经常看到的那样，在撰写策划书和报告、启动中长期项目等耗时耗力的工作中，往往容易遇到拖延的问题。结果好不容易在临近截止日期之前正式启动了项目，却因为时间明显不够而陷入窘境。

为了避免出现这种局面，需要养成将工作严格纳入日程表管理的习惯。

具体而言，就是明确"从什么时候开始启动"和"到什么时候完成"这两个时间期限，并尽快写入日程表中。

人们往往喜欢设定截止期限，比如在什么时间之前必须提出方案或上报情况等。但很少有人愿意设定开始期限，比如什么时候开始启动等。

一般而言，人们都有拖延症的倾向，越是时间充裕的时候，越想将工作向后拖，直至快到截止期限了，才不得不勉强着手准备。学术界将这种现象称为"帕金森定律"[1]。反过来说，也可以通过规定截止期限，督促大家集中精力开展工作。因此，请大家灵活运用"明确开始期限"的习惯。

我本人就非常注重这个习惯，在准备写书、创作作品和启动新的项目等耗时耗力的工作时，往往会设置两个期限。

虽然只是规定了什么时候开始，但是效果非常明显，可以将大家从拖延症中解放出来，给人一种终于向前迈出了坚实一步的感觉。从精神和心理健康的角度来看，这个习惯有助于保持良好状态，因此，我非常推荐广大读者在工作实践中运用、体验。

此外，在面向店长的培训中，我也向大家推荐了这个习惯。结果有的参训人员向我反馈，通过明确开始期限，"变得更有利于把握员工的工作进展状况了"。实践证明这是一个适用于各种情况的普遍有效的习惯。

---

[1] 帕金森定律（Parkinson's Law）是官僚主义或官僚主义现象的一种别称，被称为20世纪西方文化三大发现之一，也被称为"官场病""组织麻痹病"或者"大企业病"。这源于英国著名历史学家诺斯古德·帕金森1958年出版的《帕金森定律》一书的标题。帕金森定律常常被人们用来解释组织中的各种现象。其中，最重要的思想就是组织总是会随着时间的推移而逐渐机构膨胀、人浮于事，雇员的数量和实际工作量之间根本不成比例，工作会自动扩展，直至占满一个人所有可用的时间，工作总会拖到最后一刻才能完成。

习惯 **15**

放松

当遇到棘手的工作无限期地推后时，
你应该先静下心来看一遍资料

在面对向后延期的工作时，不要一开始就追求完美的目标，
你应该先从"试着看资料"开始，这样就可以顺利地开个
好头

如果每天都被日常业务压得喘不过气来，有时就会在不知不觉间将一些工作往后推。

比如：那些难以处理又耗费时间的工作，那些不经过细致调研就无法处理的工作等。虽然心里对于截止日期的紧迫性非常清楚，但还是会觉得"需要耗费大量时间，真是太麻烦了"，从而不愿意着手处理。在这种情况下，应该怎么办才好呢？

越是难以处理的棘手工作，就越要在碰头磋商或接到正式委托后，立即着手启动，这才是最理想的状态。在刚刚碰头磋商后，印象和记忆是最深刻也是最鲜明的，有利于顺利处理棘手的工作。这样的话，就算中途遇到困难被迫陷入停滞状态，距离截止期限也还有一定的时间，可以灵活机动地妥善应对突发情况。

虽说如此，就我个人的经历而言，还是经常会遇到无法按照预期取得进展的工作。

在这种情况下，我希望大家能养成"先查看资料"的习惯。

如果想要一口气彻底解决之前迟滞拖后的项目，就会感到疲惫不堪。这些项目之所以会被推后，自然有其合理原因，比如：无法立即处理、不想立即去处理等。

万事开头难，最关键的是创造着手处理的"开头"。光是大体浏览一下必要文件的内容，就能有效地降低难度。

不仅仅是工作，当你开始不再拖延而是认真地面对大多数问题和难题时，事情就解决了一半。

我们在真正面对难题时，经常会陷入两种状态：一种是对过去的无限悔恨，觉得"为什么会变成现在这样啊"；另一种是对未来的不安，担心"不知道这次会发展成什么样"。

因此，我们应该养成好的习惯，不再为过去和未来纠结，而是将关注的焦点集中在现在，也就是"过好当下"。这么做的第一步就是"先静下心来看看"。

让我们从这一步开始做起。

习惯 16

放松

在第一次去客户单位拜访时，
你应该试着进到办公大楼后再出来一次

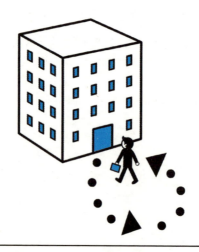

在第一次去客户单位拜访时，你需要将"客场"转化为"主场"。在进入办公大楼熟悉了环境后，你应该立即从里面退出来，然后再次进入大楼，拜访客户。这样一来，你就会产生"远比第一次进入更亲切"的主场感

如果你是营销人员，在面对哪种对象时，你更能发挥自己的能力呢，是老客户还是新客户？

大家可能没有意识到，答案是老客户。为什么会出现这种情况呢？

营销人员与老客户之间经过长期合作，会培养出一种默契，并且营销人员对老客户所在单位周围的环境也非常熟悉，因此交流的场所更接近于所谓的"主场"。另一方面，在与新客户和走访对象见面时，营销人员必须面对初次接触的人和场所。不仅如此，营销人员还可能受到对方的冷遇，遭到无情拒绝，因此，心情会变得高度紧张，背负的压力也会增大。

在初次前往客户的公司时，营销人员应该事先做好准备工作，调查清楚对方的业务内容等，并获得准确资料。这样一来，就可以在一定程度上缓解紧张情绪和压力。

虽说如此，在实际拜访新客户时，很多营销人员还是会感到紧张，也经常存在无法查清对方资料的情况。

因此，在这里我将向大家介绍一种适用于营销人员的习惯，也就是将准备初次拜访的场所由"客场"变为"主场"的技巧。在面对初次拜访的场所时，如果感到它与"主场"非常接近，就算是初次见面的客户，营销人员也可以避免过度紧张，确保从容得体地应对。

营销人员最先要做的就是在抵达客户的办公场所后，先进入办公大楼一次，大体环视一遍周边的环境。然后，再从大楼里出来。

就算停留的时间不长，在进出建筑物一次之后，下次再进去就是第二次了，因此，就会给人一种不是第一次来，而是第二次来或者是"我又回来了"的感觉，从而缓解陌生感和紧张感。虽然只是形式上的一点改变，但只要能接近主场，就可以缓解焦躁不安的情绪。这样一来，就可以充分发挥出自己真实的能力和水平。

如果你要拜访的对象是独门独院的商店而不是大厦，那么，可以不用先进去一次再出来，只需要在建筑物门前走个来回，就可以产生距离"主场"越来越近的感觉。

我有一位客户N先生，由于工作关系，经常要到日本各地举办演讲、召开研讨会、进行企业培训。他对陌生环境的适应能力很差，每到一个新地方就会感到手足无措。后来，他开始在实际工作中，积极培养这个习惯。结果发现在面对初次接触的场所和人员时，他在不知不觉间产生了亲切感，变得更愿意与他们沟通交流了，这直接增强了讲座和培训的效果。

习惯 **17**

放松

在对营销产生畏难情绪时，
你应该试着想象一下
那些因为签订合同而得到幸福的人的脸庞

在对营销产生畏难情绪时，你可以想象一下那些因为购买了商品和服务而感到幸福的人。客户和他们的家人、你的同事和家人等，只要能想到的人，都可以尽情地去想象

明明是经营同一种商品或服务，但是在销售的绩效方面，不同的人总会有差距。有的人能卖得非常好，有的人则完全卖不动。那些业绩好的营销人员似乎都有某种相似的气质和特点。

或许是对自己推销的商品和服务拥有绝对的自信，他们总是表现得干脆利落。当这些人充满自信地对你宣传说"我们公司的产品，在同行业绝对是最好的。可以满足顾客的需求，让您200%满意"时，你可能会认为"他们这么说究竟有什么依据呢"，但是又觉得"既然他都这么说了，肯定有独到之处，不如试一下看看吧"，于是就想直接接受对方的推销。

你经营的产品或服务，有时能够帮助客户解决困难，或者让客户实现梦想。能够在自己的脑海中具体描绘出这种"未来愿景图"的人们，就可以说服客户，引导他们说出"YES"（好）。

如果想要学会描绘这种"未来愿景图"，最先推荐大家做的就是想象那些因为签订合同而得到幸福的人的脸庞。

假设你是推销健身房会员的营销人员，推销的对象是某公司的总经理，他平时承担着公司总体经营的巨大压力，经常对下属破口大骂。

那么，就请你想象一下，如果这位经理每周能来健身房锻炼2～3次，通过运动释放压力，进而更加宽容和气地对待下属，那么会发生怎样的变化呢？

毋庸置疑，公司内的氛围自然会发生变化。在总经理宣泄式的谩骂逐渐停止后，公司的员工会变得从容自信起来，可以充分发挥自己的实力，提高公司的运营效率。这样一来，他们签下的订单就会越来越多，这家公司的老板和员工就会变得越来越高兴。

此外，这还会对员工的家庭产生积极影响。之前，由于总是被经理谩骂，这家公司的员工很可能会将负面情绪转嫁到妻子和孩子身上。如果员工变得越来越开朗，总是能够带着好心情回家，自然就有空与妻子和孩子充分交流了。

当妻子觉得丈夫在耐心地听自己倾诉后，就会改变对孩子的态度，不再严厉地呵斥他们。当父母都能更加耐心而亲切地对待孩子时，孩子的焦虑就会减轻，变得更容易将精力集中到学习上。

虽然这个例子有些极端，但是通过这个例子大家完全可以体会到一件商品或一项服务能带来的影响和连锁反应到底有多大。

如果大家能经常想象一下这些场景，就更容易看到对方幸福的脸庞：

·由于商品和服务，顾客直接感到喜悦时的脸庞；

·由于客户感到高兴，受到积极影响的客户家人和朋友的脸庞；

·当客户是公司时，由于公司氛围变化，受到积极影响的客户公司经理和员工的脸庞。

无论是谁，如果总是被拒绝，就会产生悲观情绪，觉得"我再也不想做销售了""为什么明知道会被拒绝，还要硬着头皮去推销呢"。不仅如此，当营销人员丧失了热情，开始进入消极模式后，必然会将负面情绪传递给客户。

最终大家都会觉得"讨厌推销"，并对营销工作产生畏难情绪，变得光是考虑"自己的事情"。

比如："讨厌因为卖不动产品而被上司批评""不想被对方拒绝留下不好的回忆""不想被误以为是在强行推销而导致顾客厌烦"等。如果光是从自己的立场和角度出发来考虑问题，营销工作就会变得越来越艰难。

与之相反，那些能够想象出"因为签订合同而得到幸福的人们的脸庞"的人，考虑的往往不是自己，而是顾客的事情。比如："通过销售这项服务，可以给客户带来某种好处""如果使用这种商品的人能够感到高兴的话，就再好不过了"等。在这种站在对方立场和角度看问题的情况下，就算遭到拒绝，也不会陷入情绪低落的谷底无法自拔。

　　并且，营销所站的立场不同，也就是说，究竟是站在自己立场还是对方立场上看问题，将对销售业绩造成显著的影响。在教练领域，这种现象被称为"转化立场"（position change）。让我们先从"想象因为签订合同而得到幸福的人们的脸庞"开始做起吧！

习惯 **18**

放松

当谈判或磋商进入白热化状态时,
你应该用尽全身力量握紧拳头来放松自我

与其努力避免紧张,不如故意提高身体的紧张程度,这样反
而能更加自然地实现放松。你应该用尽全身力量握拳,提高
身体的紧张程度,然后再试着放松

经过坚持不懈地拜访客户，终于赢得了进一步磋商的机会，无论是谁，都会感到兴奋，于是就容易在不知不觉间发力过猛。适度的紧张有利于集中注意力，但是如果过度紧张，就会影响工作顺利开展。在这种情况下，可以试试紧紧握住拳头，然后再松开的习惯。

实际上，就算是有意缓解紧张情绪、放松精神，也很难达到预期效果。由于手和脚都是受"躯体神经系统"[1]控制的，因此只要有主观意识，就可以自由驱动。但是，与之相对，心脏和胃肠是受"自主神经系统"[2]控制的，可以不受意志支配自主活动，因此难以通过主观意识进行控制。

[1] 又被称为"动物神经系统"或"随意神经系统"，这部分的神经可以通过意识控制躯体的随意活动，以适应外界环境。躯体神经分布于体表、骨、关节和骨骼肌。

[2] 又被称为"植物性神经系统"或"不随意神经系统"，属于脊椎动物的末梢神经系统，是由躯体神经分化、发展，形成机能上独立的神经系统。它主要由传出神经组成，受大脑支配，但有较多的独立性，特别是具有不受意志支配的自主活动。

当人们处于极度紧张的状态，感觉心脏要从身体里跳出来时，无论怎么对自己说"一定要保持冷静"，都无济于事。有时候，越是有意识地进行控制，反而越会感到紧张。

在这种情况下，是有解决问题的诀窍的。

那就是 试着放弃缓解紧张情绪的想法 。不仅如此，还要试着给自己加码，让自己变得更紧张。比如：由于紧张而手抖时，应该用尽全力紧紧握起拳头。然后，保持一段时间，再突然松开。

你可以按照自己的意志，来用尽全力握紧拳头。也就是说，你可以有意识地刺激身体变得紧张起来。然后，紧张的身体会自然而然地放松下来。这样一来，当身体的紧张归于平静时，紧张的心情也会得到缓解，开始恢复到正常状态。

我的客户H先生有严重的"怯场症"，自从他开始在工作中培养这个习惯后，就几乎没有出现过因为过度紧张而导致大脑一片空白的情况。他对我说，因为自己知道无论现在多么紧张，只要能刺激身体变得更加紧张，总有一刻会达到紧张的极点，并开始放松下来，所以"逐渐变得能够冷静地对待感到紧张的自己"。

在遇到突发情况时，这种方法是非常有效的，大家尽可以放心去实践和尝试。

习惯 **19**

转换

当在谈判之前突然感到底气不足时，
你应该想象一下谈判结束时"满意的笑容"

人们总是说"想得多了自然会成真"。当感到底气不足或缺
乏自信时，你应该试着去想象谈判结束后"满意的笑容"，
从而找回"自己一定能搞定合同"的信心

应该怎样度过客户来会议室或谈判室之前的"等待时间"呢？

本来处在对于自己而言完全陌生的"客场"空间就已经很困难了，还要面对"马上就要开始谈判"的压力。这样一来，很容易就会丧失信心，"总觉得进展肯定不会顺利""这次肯定谈不成"，从而带着烦躁、不安的心态开始谈判。

在这种情况下，可以试着想象一下谈判进展顺利时的理想状态。相对而言比较容易想到的就是谈判结束时你和对方的"满意的笑容"。

当人觉得无事可做时，有时就会胡思乱想。一旦开始胡思乱想，就容易陷入负面情绪中无法自拔，从而感到缺乏自信。当缺乏自信时，人往往会变得焦躁不安、情绪不佳、目光迷离。这会严重影响谈判的效果。因此，如果能提前准备好"等待时间"内要做的事情，就可以有效防止过度思考。

当你想象自己和对方"满意的笑容"时，就算在谈判过程中，遇到苛刻的意见和指责，也不会患得患失、过度在意对方的反应，从而可以心平气和地应对。

此外，即使双方在这次谈判中遗憾地没有达成一致，只要对方和你自己始终保持"满意的笑容",必然能在未来取得实质性的成果。

当你感到"销售工作很艰苦""服务行业不好干"时,请一定要试试这个习惯。

习惯 **20**
转换

当未能拿下合同时，
你应该笑着对自己说
"这次只是时机还不成熟而已"

当未能拿下合同时，你一定要试着给自己打气，告诉自己
"这次只是时机还不成熟而已"。你可以从"安打率"的角
度来思考问题，这样一来，就可以顺利地转换心情

人们总有一种思维定式，当遇到进展不顺的局面时，总会认定"这种不幸的状态会永远持续下去"；当遇到顺风顺水的局面时，总会怀疑"这种幸运的状态只是昙花一现"。

但是，实际上，运用辩证思维思考问题时，才更容易促进事物顺利进展。

比如：当谈判进展不顺利，或者策划得不到支持时，是觉得"这种不顺的状态会一直延续下去"，还是觉得"这种不顺的状态只是暂时的"更能推动工作进展呢？

答案毋庸置疑，肯定是后者。

我们无法控制"结果"，但是，却可以控制"行动"。也就是说，我们无法控制对方说"行"还是说"不行"，但可以选择如何面对对方的回复，以及针对对方的回复采取怎样的行动。

虽说如此，我想在拿不到合同时，人们还是会出现情绪低落和失望的状况。在这种情况下，就应该从"安打率"的角度来思考问题了。

你觉得职业棒球击球员的平均"安打率"一般是多少呢？

据统计，普通击球员的"安打率"只有25%，如果能超过30%，就可以算是超级明星了。

这样一来，你还会将目标定为成为一名每次都能打出"本垒打"[1]或者"安打率"超过80%的击球员吗？如果按照五次挥棒，击中一次的概率来看待工作，就可能会发生"挥棒未击中，三振出局""好球未挥棒，三振出局""内场地滚球"等不属于安打的情况。

可以尝试以下习惯：当遇到没能谈下合同的情况时，在心里鼓励自己"这次只是时机还不成熟而已"。然后，站在"安打率"的角度考虑问题，可以达到顺利转换心情的目的。

这个方法不仅适用于对外营销，还适用于在公司内提交策划方案。我的客户F先生自从学会了这个习惯，就变得非常豁达乐观。当自己提交的策划方案有20%得到认可通过时，他就觉得足够了，即使只有10%得到通过，他也可以接受。这样一来，就算情绪会出现短暂波动，也能迅速调整过来。

此外，还有一个客户K先生，自从学会想象"安打率"之后，就变得不再为"拿到合同"而动辄大喜大悲了，从而将注意力全部集中到现在应该做的事情上，大幅提升了工作效率。

有时我们无论怎么努力都无法得到自己想要的结果；有时我们消

---

[1] 棒球术语 homer，相当于 home run 等，是指击球将对方来球击出后（通常击出外野护栏），击球员依次跑过一、二、三垒并安全回到本垒的进攻方法，是棒球比赛中最为精彩的高潮瞬间。

极怠工反而轻松地实现了目标。在这种情况下，我们应该试着从"安打率"的角度来看待问题，迅速调整心态，将精力集中到下一项任务上。

在棒球比赛当中，如果不站在击球区上，就永远无法挥棒击球。工作也是一样，就算自己提交的方案不断被否定，不断被客户拒绝，也要继续坚持，这样才能提高拿到合同或方案被采用的概率。

习惯 **21**

转换

由于会议拖沓、冗长
而感到厌烦不已时，
你应该趁机思考一下会议结束之后自己
想做的事情

当会议节奏缓慢、拖沓，会议的时间超出你的预想，令你觉得是在浪费时间时，你可以试着将会议时间视为思考总结的时间，趁机思考会议结束后应该做的事情

如何提高会议效率是一个永恒的课题。实际上，只要工作日程中安排了纯粹是浪费时间的会议，就会严重影响大家的积极性。

最理想的局面当然是不召开或不参加没有必要的会议。但是，要想完全摆脱文山会海是不现实的。

一旦会议时间拖得过长，在结束时，参加会议的人往往会感到筋疲力尽，觉得不好好休息一下就没有精力再开始工作了。

在这种情况下，我们可以换个角度来思考问题，不要将会议当成束缚自己的煎熬时间，而是当成额外的总结思考的时间。这样一来，就可以将注意力转移到思考"应该怎样做才能更加有效地利用时间"上。在教练领域，这种方法被称为"重塑"（reframing）[1]。

最简单的实践方法就是"思考会议结束后想做的事情"的习惯。作为应用的具体方法，可以利用会议时间来重新审视工作中是否有遗漏的

---

[1] 这是教练领域的关键技能之一，指帮助他人使用不同方式来思考议题与问题的技巧。具体而言，就是协助学员创造突破性的思考方式，同时也将其落实到行动上。

事项和欠考虑的问题。

在具体操作时，可以将参加会议的人逐个看一遍，确认一下是否还有需要他们协助解决的问题。比如："啊！幸亏看了一眼，Z先生想要的文件我还没有交给他呢""为了慎重起见，还是要和B先生一起研究一下那个事情"等。

在参加那些对你而言重要性较低的会议时，如果什么都不做，无异于白白浪费时间。如果能将这种情况看成是一个游戏，比如"怎样才能更有意义地利用时间"，就会迸发出好的创意。在此基础上，要是能在实践中有效地利用会议时间，就会令人觉得自己得到了好处，从而产生成就感。

当我还在公司上班的时候，有一段时间，我总是利用开会时间来思考如何提高工作效率。在我的客户中，也有人会利用开会的时间，静下心来思考一些平时没有时间想的问题。比如：自己工作中面对的问题有哪些，应该采取什么方法来解决？如何让团队更好地发挥作用？等等。

我们可以带着抵触的情绪参加会议，白白消耗自己的能量和时间；也可以在会议结束的同时，精力充沛地给自己打气说"好的，可以开始工作了"，并马上转换到工作状态。通过重塑，可以随时随地按照自己的意愿选择进入哪种状态。

习惯 **22**

转换

当对接电话感到厌烦时，
你应该通过画"正"字的方法
来记录接电话的次数

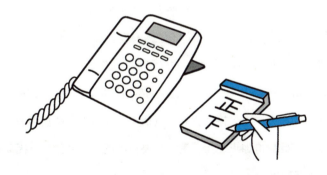

当不断有电话打进来，影响了工作进度，令人感到厌烦时，
你可以试着通过画"正"字的方法来记录接电话的次数，这
样有利于保持冷静，容易明确今后的应对方法

平时都由谁来接电话呢？

这个争论实际上一直都是非常激烈的。当大家都出去跑业务，只有几个人在办公室时，只能谁在谁去接电话。但是，当大家一个一个都回到公司，办公室里有许多人时，如果电话铃声响起，又该如何处理呢？

有些人可能会觉得自己现在很忙，无法去接电话，当周围有其他人在的时候，往往就不去接电话了；有些人心里可能会想"太讨厌了，我的工作也很忙"，虽然不情愿，但不得不勉强去接电话。

当然，真正决定是否去接电话的权利完全在你。

比如：如果觉得自己是新人，这样的事情还是要做的，应该抢着去接电话，并可以考虑主动去接听所有的电话。这样一来，就算因为这个完不成工作，需要被迫加班也无所谓，只要自己能够接受就好，因此往往不会带来太多的压力。

此外，也有人会觉得"只要有其他人在场，我就不用接电话"，这当然也是一种选择。其结果就是可以提升工作效率，但容易搞僵人际关系，在公司内被大家孤立，一旦遇到什么突发情况，根本没有人愿意施以援手。无论做出哪种选择，都要做好充分的心理准备，既要欣然接受选择带来的有利的一面，也不能对不利的一面视而不见。要是能做到这一点，就没有任何问题了。

但是，在实际工作中，有许多人根本分不清什么时候该去接电话，什么时候不去接电话。如果总是去接电话，就会产生焦躁情绪，觉得"为什么总是我去接电话"；如果总也不去接电话，就会内心愧疚，觉得"总是让别人去接电话，实在是太不好意思了"。

人们在执行自己做出的决定或者主动发起的行为时，往往不会感受到太大的压力。与之相反，当一个人充满抵触情绪或者完全被迫去接电话时，就会消耗大量的精力和能量。

由此可见，应对接电话这件事也需要主观能动性，如果是自己决定的，就会大大缓解压力。我们可以试着规定上限，"自己每天最多接10个电话"，并用画"正"字的方式来记录接电话的次数。

当达到规定的上限值后，就不再去接电话了，将这之后都明确为"集中精力处理自己工作的时间段"。

在教练领域，这被称为"假设决定""假设行动"。虽然是假设，但只要是由自己决定的，就可以摆脱被强迫的感觉，从而增加可以心情愉快地工作的时间。

每个个体不同，"假设决定"的内容也存在差异。因此，请根据自己的具体情况决定。由于连续起来去接电话令人觉得苦不堪言，在我的客户中，就有人规定"每10个电话中，只接5个，另外5个就不去接"。

通过记录接电话的次数，可以直观地观察个体的行动。当你客观、准确地记录接电话的次数后，就能掌握真实情况，从而冷静地对待问题，比如："总是抱怨为什么只有自己去接电话，但实际上自己总共只接了3个电话，根本算不上多，也不是多么麻烦的事情""我今天接了20个电话，这会导致工作断断续续，严重影响效率"等。

习惯 23

转换

当要打令自己心情不愉快的电话时，
你应该抬起头向上看，
并保持嘴角上扬

在打电话之前，你应该抬起头向上看，从而摆脱不安和焦躁的情绪然后再将嘴角上扬，促使心情向积极乐观的方向转变

当需要打电话应对投诉或者解决棘手的问题时，会令人感到"太麻烦了，真是影响心情"。下面，我将介绍一个可以在这种情况下发挥作用的习惯。

那就是"抬起头向上看，并保持嘴角上扬"。这个动作非常简单，你可以现在就试试看。抬起头的同时，抬头向上看，并试着深呼吸。

你的感觉怎么样？心情是不是变得稍微轻松一点了呢？

只需要简单的两步，就可以培养这个习惯。

请大家试着按照下述步骤进行实际体验。首先，抬头向上看，摆脱消极情绪。然后，保持嘴角上扬（标准是1毫米）。试着与棘手的、难缠的、痛苦的、不开心的事情告别，将自己的心情放空归零，并转换为积极主动的心情。

向上看有两个优点。第一个优点是如果人们总是向上看，就可以避免去想消极的事情。想要直接控制自己的感情是非常困难的，但是，改变姿态和心情并没有什么难度，无论是谁都可以轻松做到。

第二个优点是通过向上看，可以拓宽视野。视野拓宽后，心情就会变得更加轻松，心胸就会变得更加开阔，从而更容易看清眼前的现实，懂得"拿得起放得下"的道理。

有句名言说"眼睛是心灵的窗户"，事实确实如此。实际上，人们眼睛的动作往往是大脑思维的体现，与思考的问题之间存在着密切的联系。比如视线的方向，说得更准确一些，右上方代表"未来"，左下方代表"过去"。

当人们想起或者回忆起不愉快的经历时，眼睛就会自然而然地向下看。也就是说，视线向下就代表正在思考过去的事情。当心情不愉快时，人们的视线就会向下看，开始思考自己不愉快的原因，或者回忆起不愉快的经历。

当人们的眼睛向上看时，就是在脑海中描绘新的发展蓝图。如果想要展望未来的光明前景或者勾勒积极的愿景，最好应该向上看。当心情不愉快时，如果能够向上看，就可以从积极的方向出发，面向未来思考："在心情不顺的状态下，下一步应该怎么做？"也就是说，当你想要向积极的方向调节自己的情绪，或者想要从消极情绪中走出来时，就应该向上看。

如果能保持嘴角上扬，自然会绽放出笑容。人们一笑起来，就会变得更加积极、阳光。

通过刻意做出类似笑容的表情，可以促使情绪变得更为积极。这一点已经在心理学领域得到证明，可以参考德国曼海姆大学萨宾·思柏

（Sabine Stepper）博士的研究成果[1]。

　　只要你能变得稍微积极一些，打电话的声音自然就会升高一个音调。让我们充分运用这种方法，通过这种良好的感觉，给接听电话的客户留下更好的印象。

---

[1] 1988 年，萨宾·思柏等三位研究者发表了一份研究结果，描述了与"面部回馈假说"类似的实验。"面部回馈假说"认为，微笑和其他面部表情会对情绪造成积极影响。在实验中，他们把参与者分成两组：一组用牙齿咬住钢笔，这时他们要利用与微笑相同的肌肉组；另一组用嘴唇含住钢笔，他们则无法微笑。参与者被要求在嘴里有钢笔的情况下观看动画片。实验结果显示，相对于用嘴含住钢笔的人来说，用牙咬的人表示看动画片时更开心。在后续的研究中，研究人员让参与者发出特定元音来强迫他们做出微笑和其他表情，结果再次验证了之前的研究结果。

习惯 24

增强

当需要主动道歉时,
你应该先认真做做"道歉练习"

当突然被要求道歉时,大家往往会觉得难以开口。因此,你应该先认真做做"道歉练习"。道歉练习可以帮助人下定决心,令自己觉得"准备好了!可以正式去道歉了!"

在日常工作中，难免会出现错误和纰漏，总会遇到不得不道歉的情况。

通常情况下，大家都不愿意主动去道歉，总想找个借口含含糊糊地蒙混过关，这一点是非常容易理解的。但是，道歉这种事拖得越久，就越容易把局面搞得复杂、难以处理。在发生问题后，应该迅速地做出郑重的道歉，这有利于取得理想的效果。

我们认为道歉非常麻烦的理由主要有两个：第一是还没有习惯于道歉；第二是觉得事情还没有结束，这样道歉并不彻底，今后还有可能再次出现问题。

针对"还没有习惯"这个问题，只要加强练习就可以解决。此外，在"练习道歉"时，通过站在对方的立场上看问题，可以避免局面恶化。

练习道歉应该分为两个阶段开展。

第一个阶段：要反复练习，真诚直率并满怀愧疚地说一句"对不起"，并鞠上一躬。如果能够灵活运用优雅的道歉礼仪，可以看着对方的眼睛说："真是抱歉，给您添麻烦了！"然后，再深深地鞠躬。在这里要注意一点，如果边鞠躬，边对对方说"真是抱歉，给您添麻烦了"是难以表达出足够的诚意的。

第二个阶段：站在镜子前，反复观察自己道歉的姿态。之所以这么做，是为了确认站在对方的角度，究竟会怎么看。可以实际检验一下，看看这么做之后，是否会加剧对方的不满；如果换成是自己，会接受怎样的道歉。在教练领域，这种行为被称为"元认知"[1]。

人们想得过多就会束缚自己的手脚。当感到心情沉重时，与"先思考再行动"相比，"先行动再思考"的行为模式往往更容易取得理想的效果。我曾经反复提到过，刺激大脑积极性的开关——伏隔核的诀窍就是"先行动起来"。

通过练习道歉，可以帮助人下定决心，令自己觉得"准备好了！可以正式去道歉了"。

_____

[1] 元认知（meta cognition），又称反省认知、监控认知、超认知、反审认知等，是指人对自己的认知过程的认知。学习者可以通过元认知来了解、检验、评估和调整自己的认知活动。一般认为，元认知可以由元认知知识、元认知体验和元认知监控三部分组成。

习惯 **25**

转换

当因失败而感到沮丧时，
你应该掸掉衣服上的灰尘，
潇洒地与失败说再见

在扭转不利局面之前，你必须先从动摇和打击中走出来转换
心情，这是先决条件。如果能预先确定从失败和失误中转移
注意力的行动，就可以在短时间内转换心情

无论是谁，一生之中都难免会有几次失败的惨痛经历。这是因为我们都是有血有肉的人，谁也不是机器，都会有感情的起伏和状态的好坏。此外，还会受到人与人之间是否投缘等因素影响。

制定避免犯错的措施是必要的。在犯了错误之后，如何进行应对同样也非常重要。

无论是不是自身的原因，只要给客户带来了麻烦，或者给公司造成了损失，大家都会感到情绪低落，陷入深深的内疚当中，责备自己"为什么不能再仔细确认一下呢？""为什么会做出那样的决定呢？"等等。

然而，当发生问题时，如果为了挽回局面或者减少不好的影响而急于行动，有时会适得其反，进一步加剧问题和矛盾。这就是所谓的"次生灾害"或"再生灾害"。

这是因为一旦进入紧急事态后，大脑的恐惧回路就会发生作用。当这个恐惧回路发生作用后，人体就会释放肾上腺素，从而加快呼吸和心跳频率，并大量出汗。在这一机制的作用下，实际上人体已经开始自动做出"战逃反应"了。不仅如此，当大脑的紧急按钮被启动后，除了满足"延续生存"的需求以外，其他的脑内活动会越变越少。这样一来，人们就会将注意力完全集中到诱发危险的源头上。

当工作中遇到问题时，人们之所以会出现推卸责任、愤怒还击和误判形势等问题，都是大脑恐惧回路作用的结果。

那么，我们应该怎样做才能关闭这个回路呢？在这种情况下，可以选择心理学中的"思维阻断法"[1]作为习惯。

具体做法就是"掸掉衣服上的灰尘，潇洒地与失败说再见"。

在遇到问题时，应该先阻断消极情绪和思想，然后再对失败进行反省和分析。这样就可以将精力集中在处理眼前的问题上。在这种情况下，就算大脑下达阻断命令，有时也无法关闭恐惧回路。因此，应该通过掸掉衣服上的灰尘这一行为，分散对于恐惧的关注。

喜剧天才明石家秋刀鱼[2]先生的座右铭是"人生来赤裸，走时有内裤一条在身就是胜利，只要活着你就赚了"。对此，我深有同感。在工作

---

[1] 思维阻断法（thought stopping）是用以治疗强迫思维及强迫行为的自我控制技术。其理论假设是，若外在行为可以阻止，则内隐的思维活动也可以通过抑制来阻断。具体方法：①让患者坐在椅子上，放松、闭目；②让患者想象那些能引起心烦的情境和不能控制的思维活动，并在进入状态后，抬食指示意；③一旦患者抬起食指，治疗者便大喝一声"停止"。当患者吃惊地睁开眼睛时，其强迫思维即中断。这样重复练习几次后要求患者跟随治疗者大声喊"停止"，再以后则仅由患者自己喊"停止"，而且音量逐渐减小。

[2] 明石家秋刀鱼（明石家さんま），1955年7月1日出生于和歌山县东牟娄郡古座町。本名杉本高文，日本落语家、搞笑艺人、演员、主持人。他的主要作品有《从天而降的亿万颗星星》《二十岁的恋人》等。

中，很少有失误是要人命的，一般都能够想到解决方法。

但是，实际上，大家时不时还是会遇到闷闷不乐、心烦意乱等情绪低落的情况。俗话说："山重水复疑无路，柳暗花明又一村。"当你觉得已经走投无路之时，恰恰是重新开始的机会。在这基础上，如果能够冷静思考对策，往往可以摆脱在打击中沉沦的状态，提高发现富于建设性意见的概率。

在这里，我想请大家一定要试着实际运用一下"思维阻断法"。

习惯 26

转换

当由于过度劳累导致精力不济时,
你应该挺胸收腹, 适当调整姿态

过度劳累会导致精力不济。如果想纠正这种状态,你就应该
尽量收腹。通过保持这种姿态,可以重新振奋精神,以昂扬
的姿态投入工作中

在长时间集中精力做一项工作时，总会觉得难以保持注意力。但是，还有许多重要的工作亟待解决……

如果能靠意志力克服自然是最好的。但是，无论是谁，一旦丧失了干劲，腰部自然就会慢慢弯下去，呈现出驼背弓腰的状态。这样一来，整个人的视线都会降低，视野也会越来越窄，从而进一步影响情绪和状态。

下面，我将介绍一个习惯，帮助大家在不休息的状态下，轻松恢复活力。实际上，只需要用力挺胸收腹就可以了。这样一来，人的姿态就会变好。姿态会对心情和注意力产生影响。当人的姿态变好时，心情也会变好，从而更容易保持注意力集中。

武术高手往往都是善于集中注意力的人。在他们中间很少见到弓腰驼背的人。这是因为只要保持好的姿态，就能提高注意力。

之所以这么说有两个理由。

第一个理由是通过调整姿态，可以促进脊髓神经回路更为顺畅地传递信息。脊髓中聚集了大量的重要神经，因此，又被称为"第二大脑"。通过调节姿态，可以让神经更为顺畅地传递信息。

第二个理由是**通过调整姿态，有利于保持呼吸顺畅，从而增强肺活量**。这样一来，就能加快血液循环，确保供氧充分，最终增加大脑的供氧量，有效提升注意力。

由于"好的姿态"是一个非常抽象的词，因此，一提起为什么要挺胸收腹，往往会受到主观因素的影响，导致不同的人之间出现较大的观点差异。如果只是笼统地要求"请大家调整好姿态"，就会有许多人不得要领。但是，如果明确地要求"请大家挺胸收腹"，那么无论是谁都会反应一致，做出挺胸、抬头、收腹、下颌微收的优美姿态。

当大家想要干一件事时，如果进展一直不顺利，很可能就是因为对于行动的定义太过模糊。在这种情况下，可以试着换用每个人都能理解并迅速转化为行动的表现形式，简明直接地展开行动。

顺便提一下，在我的客户中，有人在实际应用这种挺胸收腹的习惯后，甚至产生了"腹部周围都变得通透、舒畅"的夸张感觉，并为此感到开心不已。

人的情绪是极为善变的，就算一度得到改善，也可能再次出现情绪低落的情况。与之相对，姿态是比较稳定的，经过一次调整之后，就可以保持相当长的时间。在开会等无法随意乱动的场合，非常适合实际运用这个习惯，在此推荐大家积极尝试。

习惯 **27**

放松

当忙得不可开交时，
你应该闭目养神一分钟

当忙得连午休时间都没有时，你应该找个一个人独处的空间，闭目养神一分钟。不管是卫生间的隔间也好，还是屋顶的天台也好，只要是单独的私密空间就可以

人们能够保持注意力集中的时间，远比我们想象得要短。人不是机器，因此都难以长时间承受压力。就算经过专业训练，人也很难长期保持注意力高度集中的状态。

当面临繁重的工作压力，甚至连吃饭的时间都舍不得浪费时，你该如何调节自己呢？在这里，我将向大家介绍一个能够在短时间内恢复精力的习惯。

在按照这个习惯具体行动时，只要选择能够一个人独处的空间就可以，比如厕所的隔间、屋顶、楼梯紧急通道、露台等。当你无法离开工位时，也可以在自己的座位上尝试。**总之，请闭上眼睛一分钟。**

当然，如果你所在的公司是允许员工午休的，那么，在沙发上倚靠10分钟或15分钟是最有效的。然而，实际上，在公司中，基本没有地方可以供午休使用，而且也缺乏适合午休的氛围。因此，绝大多数的人都觉得根本没办法午休。但是，如果只是闭上眼睛养神一分钟，"装出睡觉的样子"，无论是谁都可以轻松实现。

只要留出一分钟，不用眼睛去接触任何信息，就可以令大脑得到充分的休息。研究数据表明，人脑获取的信息有83%都来自视觉途径。因此，只要能够有效阻断视觉，就可以减轻大脑负担。

　　只要闭上眼睛，就可以让大脑开始放松，只需要短短的一分钟，就可以出乎意料地恢复身体。"忙得不可开交的时候，拿出一分钟闭上眼睛。"请大家一定要亲自试一试这种方法。

习惯 28

转换

当桌面物品杂乱无章
令人感到心情烦躁时,
你应该整理好"两个桌面"

当桌面物品杂乱无章,导致无法集中精力工作时,你应该整
理好办公桌面和计算机桌面这"两个桌面"

如果办公桌面和计算机桌面这"两个桌面"杂乱无章的话，大家往往难以顺利地进入工作模式。这是因为不仅需要花时间梳理思维中混乱的部分，还要耗费精力存储和管理必要的物品及信息。

当办公桌面上散乱地堆放着文件和办公用品时，实际上，会给大家带来超乎想象的沉重负担。

不管我们有意还是无意，只要办公桌上有物品，就要耗费时间和精力去管理。

正如上文所述，这是人们受视觉影响较大的缘故。如果减少了物品的数量，通过视觉获取的信息量就会随之减少，因此，大脑的负担也会相应减轻。

可以说，这个道理也适用于计算机桌面。

我们应该养成好的习惯，当桌面物品杂乱无章，令人感到心情烦躁时，应该整理好办公桌面和计算机桌面这"两个桌面"。

当桌面的外观看上去干净整洁时，人的思维和情绪也会随之轻松舒畅，因此，更容易集中注意力。

我的客户I先生就有这个习惯，每当临近重大日子，都要彻底整理一遍办公桌面和计算机桌面。

通过打扫工作环境，营造良好办公氛围，给大家带来轻松愉悦的心情，对于自我管理是非常有效的。

习惯 29
转换

当忙到连收拾办公桌面的时间
都挤不出来时，
你应该先清空垃圾桶

当办公桌面物品杂乱无章，但没有时间和心情去收拾打扫时，可以暂时不用管它，你应该试着先从清空垃圾桶开始做起

在整理好"两个桌面"后，无论是工作环境还是大家的心情都会焕然一新。虽说如此，如果让那些不愿意收拾房间的人突然改变生活习惯，恐怕难度会非常大。

越是不愿意收拾房间的人，越想一次性打扫得干干净净。如果在工作最忙的时候，想要将两个桌面收拾得彻彻底底，就会令人感到非常麻烦，从而产生强烈的抵触心理，觉得"不必非得今天就打扫干净吧"。这样一来，就容易一天拖一天，最终落个懒得再管的结局。

下面，我将介绍一个适用于这种情况的习惯。

诀窍在于哪怕只明确一个地方，决定"今天要做好这个"就行，不必贪多勉强。

可以试着从比收拾桌面更容易的"清空垃圾桶"开始。

虽然只是清空垃圾桶，却能令人感到格外轻松。由于这种舒畅的感觉和心情带来的影响会扩散，因此，可以进一步调动积极性，敦促自己产生下次认真清理桌面的想法。

然后，可以趁着积极性高的时机，自己再做一些简单的尝试，比如：用碎纸机粉碎文件，或者擦擦办公桌等。

　　由于彻底打扫卫生需要耗费时间和精力，因此，往往令人感到抗拒，难以转化为实际行动。在第一部分中，我们曾经提到过，为了降低行动的障碍和难度，可以将工作切割分块。

　　如果将打扫卫生这件事切分开，分步实施，就更容易实现。我建议先对打扫卫生的任务进行切割分块，将它们分为短时间内可以完成的简单行动，然后，一个部分、一个部分地逐个推进。这样一来，就可以大大缓解压力，取得出乎意料的效果。

习惯 **30**

转换

当工作状态正佳却被迫中断时,
你应该先喝些饮料, 然后重新开始

当工作状态正佳却突然被迫中断时, 有一个非常实用的恢复
状态的方法, 那就是喝些饮品。你可以选择喝咖啡或茶, 然
后再恢复自己的工作节奏

你可能也有类似的经历，当你感觉状态非常好并集中精力工作时，由于意想不到的原因导致工作突然停止，不得不在焦急、烦躁的情绪之中重新开始。

比如：当你全神贯注地撰写策划书，"只差一点就可以完成"时，可能会被上司要求"××过来一下"，或者需要接待突然来访的客人，导致工作不得不中断。经过很长时间的状态调整，好不容易有了良好的工作状态，结果由于意外情况被突然打断，不得不重新开始集中精力，无论是谁都会感到苦恼。

在这种情况下，应该怎样顺利地恢复工作状态呢？

我有时会在咖啡厅或酒店的吧台接待客户或给客户上辅导课程，与客户进行交流。

一般来说，当服务员看见我们正在谈话时，往往会主动过来问好，并问要不要喝点什么，这会令人感到非常温馨，觉得"服务质量真是好啊"。

但是，另一方面，如果双方正谈得兴起，突然有人过来插一句"不好意思，请问需要点什么"的话，就会严重影响谈话的节奏，导致整个谈话陷入僵局，我本身就经历过许多次这样的情况。

一旦出现这种局面，就会令人感到兴致索然，在心里抱怨"为什么偏偏在这个时候来问我们需要什么啊""如果想要上饮料，为什么就不能再等一分钟"，从而产生焦急、烦躁的情绪，再也无法集中精力去沟通和交流了。

遇到这种情况时，我往往会选择重新开始，主动对对方说："难得服务这么周到，我们就喝一杯之后，再继续吧！"这样一来，就可以再次集中精力。

当不希望被打断的时候突然出现意外情况导致工作中断时，应该试一下"喝些饮料，然后重新开始"的习惯。

这个习惯的目的是阻断"被打扰"产生的消极情绪的影响，找回自己的节奏和状态。

在这种情况下，最好当场就能喝上一杯，如果实在不行就去自动售货机等销售饮料的地方买杯饮料回来。喝的东西没有什么特殊要求，茶或咖啡都可以。总而言之，只要能找回自己的节奏就行。

在喝上一杯饮料之后，如果能找回自己的状态，就应该立即恢复工作。

那么，在暂时恢复状态之后，如果再次发生上司突然打断自己的工作的情况，又该如何处理呢？

就我个人的经验而言，当再次被打断而陷入中断状态后，应该试着从积极的角度来思考问题，坚信上司指派的工作与自己正在积极开展的工作之间是存在联系的。

不要将上司与自己对立起来，不能将工作看成是麻烦，而应该将其视为机遇。

如果你能从发展的角度看问题，相信发生的事情总是存在联系的，就能保持客观中立的姿态，无论遇到什么情况都能镇定自若、泰然处之。这也是控制情绪的诀窍之一。

习惯 **31**

转换

在准备开始休息时，
你应该在计算机上贴上
下一项"10秒任务"的便签

在准备开始休息时，你应该先写一个便签，上面明确重新恢复工作后立即要去执行的一项"任务"。这是休息结束后立即恢复工作状态的诀窍

我想大家可能都遇到过类似的情况，比如：明明只是想休息5分钟，稍微喘口气，却没想到工作的干劲一泻千里，再也无法集中精力工作了。

从洗手间回到工位后，迟迟无法进入工作模式，在不知不觉间就开始上网浏览无关信息，白白浪费了30分钟的时间。

本来是因为无法集中精力才想休息一下转换心情的，结果注意力完全被其他事物吸引，反而更难将精力集中到工作中了。

休息的目的是更好地将精力集中到工作中，但是一旦由于休息而过度放松，很容易进入休闲模式。如果这种状态持续下去，就会给人一种"还不如不休息"的印象。这种想法是不科学的，如果工作只有绷紧神经，缺少休息放松，反而容易出现疲态，影响工作状态和效率。

如果想要休息，应该结合自身情况积极主动地选择时机，这是一个客观规律。这是因为自己主观决定暂停的工作模式，再由自己主动恢复时会相对更加容易。

这就好比观看视频，如果想停止播放，可以选择"暂停"或"退出"按钮，那么，究竟哪种功能更容易重新开始播放呢？

当选择"暂停"后，只要按一下"播放"按钮，就可以接着播放。与之相对，当选择"退出"时，还需要快进到退出之前播放的位置，从而增加工作量。主动选择休息时间与"暂停"功能相似，被动强制休息则与"退出"功能相近。

最基本的是自主选择休息时间。在开始休息前，需要大家养成一个习惯。那就是，提前制作一个便签，明确重新恢复工作后最先要做的工作任务。

在制作便签时，有一个编写的诀窍。请按照"立即去做××"的格式去写。这样一来，当你回到办公桌后，就更容易顺利地恢复工作状态。

我总是想如果能将玩游戏时那种不知不觉就入迷的愉快感觉，充分运用到工作中就好了。在这里最有希望应用的就是以《勇者斗恶龙》[1]为代表的角色扮演类游戏[2]（下文简称RPG）。

RPG中有许多与工作相类似的要素。我认为其中一个就是"应该做什么"这个命令是明确的，并且命令的数量是受限制的。

---

[1] 《勇者斗恶龙》（*Dragon Quest*）是由日本艾尼克斯游戏公司研发的电子角色扮演游戏，其作为游戏史上最畅销的长寿游戏系列之一，在日本具有"国民RPG"之称。

[2] 角色扮演游戏（role-playing game），是游戏类型的一种。在游戏中，玩家负责扮演一个或多个角色在一个写实或虚构世界中活动，并在一个结构化规则下通过一些行动令所扮演的角色发展。

也就是说，在大部分RPG中，"调查""对话""战斗""恢复"等命令都是明确规定好的，因此，根本不会因为忙乱迷惑而浪费时间。

实际上，我们在休息后无法立即集中精力工作，其重要原因之一就是命令不明确，也就是有无数个命令可以选择。

当你结束休息后，可以选择与周围的人闲聊，可以选择上网浏览信息，可以选择开始新的工作，也可以选择接着干休息之前的工作。如果不提前明确规定休息结束后应该干什么，就容易陷入迷茫的状态，无法顺利恢复工作。

与之相反，如果能够提前明确哪怕一项命令，规定休息结束后应该"先做××"，就可以避免盲目选择，从而提高立即恢复工作的概率。

之所以这么做，也是为了刺激伏隔核这一大脑中控制积极性的开关发挥作用。正如上文反复提到过的，从脑科学的角度出发，调动积极性的关键在于"先动起来"。

在制作便签时，要尽可能写上一些可以在10秒内进入状态的工作，比如"马上去看××文件""马上给A先生回邮件"等，这样一来，有利于更加顺利地恢复工作。为了与通常使用的待办事项清单（to do list）相区别，我将其称为"10秒任务"便签。如果你总是在休息后无法顺利恢复工作状态，可以试试其他的10秒任务。

平时，我们应该将10秒任务便签粘贴在回到工位时能够立即看见的场所，比如鼠标和计算机显示器屏幕上等。对于平时不大使用计算机的人而言，应该将便签放在办公桌正中间、桌垫上等容易注意到的地方。

　　如果时间充裕，可以在离开座位之前，预先在办公桌旁边放上一些必要的文件。这样一来，当你返回座位后，可以更加顺利地恢复工作状态。

习惯 32

增强

当因为上司不在办公室而感到松懈时，
你应该看一看自己榜样的照片

当因为上司不在办公室而产生松懈感，觉得无法将精力集中
到工作时，你应该看一看自己崇拜的榜样，也就是希望成为
的人的图像或照片，以保持适度的紧张状态

当上司全天外出时，你会怎么安排工作呢？

我想肯定有人会觉得终于解放了，从而放松平时紧绷的工作状态和心情，想要好好自由一下。

也有人会不停地闲聊打发时间，还有人会放缓工作节奏开始出工不出力。只不过每天都这样松松垮垮的话，肯定是不行的。此外，如果是自由职业者，本就过着没有上司的日子。

在第一部分中，我们曾经提到过大家丧失积极性，导致工作陷入停滞局面的重要精神原因之一就是过度紧张或者过度放松。人们在工作时，如果想要集中注意力，就需要保持适度的紧张。

也就是说，当上司不在公司时，最好也要保持适度的紧张状态，以保证工作取得成果。

在这种情况下，我希望大家养成一个习惯，那就是多看看自己的"行为榜样"，也就是"自己希望成为的人"，用我的话来说就是"我的榜样"的照片。在这里我建议，最好选择那些只要看看他的脸，就会感到精神振奋、充满干劲的人作为"我的榜样"。

比如常年占据日本明治安田生命保险公司[1]"理想上司"调查排名榜前列的名人。

棒球明星铃木一郎、网球明星松冈修造[2]、著名记者池上彰[3]、著名演员天海佑希[4]等。如果被这些职业素养高、对自己要求严格的人，看见你无所事事、悠闲自得的姿态，你是不是会感到巨大的压力呢？

在我的客户中，有人将历史上的伟人、自己的父母、中学时代的班主任当作"我的榜样"，也有人将"我的榜样"的照片设成智能手机的待机画面，或者放在办公桌的抽屉里，还有人将照片插入日程表中，以便随时都能鞭策自己。

---

[1] 日本明治安田生命保险公司由日本明治生命保险公司和安田生命保险公司合并而来，是日本最大的寿险公司之一。

[2] 松冈修造，1967 年 11 月 6 日出生于日本东京都，日本前网球国手，于1998 年退役。现主要工作为培养与指导网球人才，并以他的丰富历练与热血人格，广泛活跃于体育播报与演艺界，同时也担任日本奥林匹克协会理事。

[3] 池上彰，1950 年 8 月 9 日出生于日本长野县松本市，记者，特约教授。2005 年从 NHK（日本放送协会）退休以后，仍然以自由职业者的身份活跃在社会上。

[4] 天海佑希，1967 年 8 月 8 日出生于日本东京都台东区上野，演员。她1987 年从宝冢音乐学校毕业，加入宝冢歌剧团，1995 年 12 月 26 日退团。她身上的独特气质，迷倒了众多日本女性。

当你突然觉得"我的榜样"正在盯着自己看时，就会产生"那么才华横溢又声名显赫的人还如此努力拼搏，我自己还差得远呢"，从而变得更加积极主动地投身于工作之中。

习惯 **33**

当因为上司不在办公室而感到松懈时，
你应该试着想象一下自己接受
"记者暗访"时的感觉

当因为上司不在办公室而产生松懈感时，你应该试着想象一下自己接受电视台纪录片摄制组暗访时的感觉

当上司不在办公室时，如果想要提高工作效率，可以养成一个习惯，那就是幻想一下你正在接受自己喜欢的纪录片摄制组的秘密采访。

当发现自己被热播电视节目的摄像机对准时，无论是谁，都会像将油门踩到底一样，开足马力进入认真工作的模式。

实际上，人人都有"被别人关注的"欲望，都希望被人认可。因此，来自其他人的关注可以有效促进人的成长进步。那些看起来并不起眼的艺人，之所以会变得新潮时尚、备受追捧，其秘密就是赢得大家的关注，令人不由得觉得"这个人真厉害"。

在心理学中，将这种现象称为皮格马利翁效应[1]。所谓皮格马利翁效应是指当一个人获得了"这个人真厉害"等褒奖和赞美时，就会变得自

---

[1] 皮格马利翁效应（pygmalion effect），也译为"毕马龙效应""比马龙效应"或"期待效应"，由美国著名心理学家罗森塔尔和雅各布森在小学教学上予以验证提出，是指人在被给予更高期望以后，会表现得更好的一种现象。皮格马利翁效应的命名取自希腊神话故事中一位名为皮格马利翁的雕刻家，他爱上了自己用象牙雕刻出来的少女雕像，由于他每天对着雕像说话，最后那座雕像变成一位真正的少女。

信、自尊，从而积极努力地去实现对方的期望。当一个人获得另一个人的信任和赞美时，他便感觉获得了社会支持，从而增强了自我价值，获得一种积极向上的动力，并尽力达到对方的期待，以避免对方失望，从而维持这种社会支持的连续性。

与之相反，还存在一种反映消极期望的戈莱姆效应[1]，是指当一个人遭到轻视，被认为"这个人肯定不行"时，会导致其表现水平下降。

这一理论也适用于商务人士。

当大家普遍认为"这个人能办成事""这个人非常专业"时，就会在一定程度上给他带来紧张感，从而充分调动他的积极性，有利于他更好地锻炼自己。

同样，当一个人感受不到外界的关注时，也会产生失望情绪，觉得"无论我怎么做也得不到公司的认可""根本没有人正眼看我"，从而变得消极低落起来。

这一点请大家尽管放心。就算你得不到任何人的肯定和期待，也没有问题。只要你能充分发挥想象力，设想"纪录片摄制组正在对你进行秘密采访""有很多人都在期待你的出色发挥"，就会取得理想的

---

[1] 戈莱姆效应（golem effect）是一种由于监督者（如长辈、领导）或者个体自身对个体给予低期望值，导致该个体表现水平下降的心理现象。这个效应经常见于教育以及组织管理领域，是自我实现预言的一种形式。

效果。一想到那么多观众和制作人员在看着自己的表现，肯定没有人会放松、懈怠。请大家一定要抽出时间试试，看看这个习惯的效果到底如何。

习惯 **34**

转换

当在公司内遇到不开心的事情时，
不管自己愿不愿意，
你都应该先去一下卫生间

当在公司内遇到不开心的事情时，不管怎样，你都应该先离开现场一会，可以去卫生间洗洗手，"冲走"自己的负面情绪

与上司发生争执、无端被人中伤、被客户在电话中训斥、嫉妒同事取得的成果等，无论是谁，遇到这种局面时，都会感到焦急不安、情绪烦躁，有时心情甚至会跌到谷底。虽然通过锻炼心理和精神承受能力，可以避免情绪过于低落，但我还是建议大家换个角度思考问题，当自己情绪低落时，不要想着如何让自己不受情绪的影响，而要多考虑"如何才能尽快恢复过来"。

大家可以观察一下那些在工作中表现出色的人，他们绝不是没有情绪低落的时候，只是情绪转换的速度比别人更快而已。由于不会陷入过度沉沦的状态，因此可以集中精力去思考解决"眼前要处理的事情"。另一方面，那些无法从低落情绪中走出来的人，一旦没了心气，想要调整好情绪就需要耗费大量的时间。

当你在工作中遇到令人心烦的事情时，我建议你不要想着去锻炼自己的忍耐能力，而应该试着养成尽快调整心情的习惯，从而在短时间内实现情绪转换。

当你在公司遇到烦心事时，应该想着立即执行迅速离开现场的习惯。这是因为如果勉强自己继续在现场待下去，就会被消极情绪所包围，无论做什么工作，都容易出现问题，无法取得理想的成果。

相扑选手在比赛中发现时机不利于自己时，就会立刻抽身，重新摆好架势，这么做也是出于同样的考虑。

具体来说，就是不管想不想都应该试着去一次卫生间。这样做有两个明显的效果。

一是可以暂时离开产生不愉快情绪的空间，调整自己的情绪。

二是通过洗手，可以用水"冲走"自己的负面情绪。

我的客户I先生在遇到工作繁忙无法离开办公桌的情况时，会想象"自己在瀑布附近"的场景。这样一来，就像享受花洒带来的喷雾淋浴一样，令现场的空气和自己的心情瞬间变得清新舒畅起来，从而有效恢复自己的状态。

这也是一种"思维阻断法"。实际上，通过用水洗手或想象流水的场景，可以令人觉得所有坏情绪都已经随着流水一去不返了，从而达到调节情绪的效果。

不仅仅是洗手，洗脸、漱口、刷牙也都能够取得类似的效果。在教练领域，这种方法被称为"清扫"（clearing）。实际上，这是一种心理学技巧，可以通过"清扫"遇到的烦心事，帮助自己恢复心情舒畅的状态，从而更好地投入工作中。

此外，当你想哭时，可以不必过分克制自己。由于眼泪也有"清扫"效果，有助于我们摆脱负面情绪。如果感到悲伤的情绪涌上心头，可以选择在卫生间的隔间里痛痛快快地大哭一场。这样一来，反而可以释放出压力，令自己感到心情舒畅。

我在企业培训时经常会介绍这个习惯，结果备受欢迎。请大家一定亲自试试看，以便快速摆脱负面情绪的干扰。

习惯 **35**

转换

当在公司内遇到不开心的事情时，
你应该搞清楚自己到底想要什么

当被上司批评感到情绪低落时，待情绪稍微平复后，你应该
静下心来彻底搞明白"自己到底想要什么""自己究竟希望得
到什么"

我曾经作为心理辅导师为日本参加奥运会比赛的选手提供指导。当时，大家非常重视"避免在比赛中出现负面情绪"的习惯。这是因为在比赛过程中，无论之前做过多么精心的准备，都可能出现无法预料的情况，有时甚至会遭遇严重的挫折。

对于顶级运动员而言，当遭遇失败或出现出乎意料的事情时，如何转换情绪是至关重要的。

我们这些商务人士也不例外，当在公司内遇到困境而感到沮丧时，如何在短时间内迅速摆脱负面情绪，直接关系到自己的工作效率和成果。下面，我将向大家介绍一个能够有效帮助心情恢复的习惯。

那就是认真思考"自己到底想要什么""为什么自己想要这些"。

实际上，"现实与期望"之间的落差往往会成为刺激人们愤怒或消沉的主要诱因。比如：在遭到上司批评后，有心理准备时和完全没想到时，自己心里愤怒和低落的程度是截然不同的。

但是，人们往往难以意识到"自己到底想要得到什么"。如果忽视了这种心理落差继续投入工作中，就会导致情绪继续变坏，最终发展到难以调整的地步，结果深深地陷入负面情绪之中无法自拔。

　　在网球比赛中，当选手击球失误后往往会做出挥拍的动作。这是由于击球失误导致"现实与期望"之间出现落差时，选手们会想象"本来应该这么打"，从而做出正确的击球动作。这样一来，就可以将思绪迅速转换到成功的记忆中，情绪也会随之逐渐恢复。

　　在公司内遭遇挫折而感到情绪低落时，应该尽快搞清楚"自己到底想要什么""自己究竟希望得到什么"，从而明确自己的心理预期。这就像通过挥空拍体会正确的击球动作，可以纠正偏差，帮助大家转换情绪。

习惯 **36**

转换

当由于情绪低落
而陷入深深的自责时，
你应该多与能包容你的人交流

当感到心情极度低落而陷入深深的自责时，你可以试着去寻求别人的帮助。通过与能够包容你的人交流，你可以放松焦虑的心情

当被上司劈头盖脸地训斥一顿，或者在工作中犯下严重失误时，人们往往容易变得悲观起来，觉得"无论怎么做，自己始终都是一事无成"，从而陷入深深的自责。这样一来，就会陷入恶性循环，难以将精力集中到工作中。

在这种情况下，应该养成一个习惯，积极与同事、朋友和身边的人进行沟通，选择与那些对你了解又有耐心听你倾诉的人交流。

在日语中，"说"是由"放"[1]衍生而来的。从心理学的角度来看，通过"说"的方式来倾诉，可以调节心情、厘清思路，从而"放"下那些不愉快的负面情绪，与它们挥手道别。

如果公司内有那种无话不谈的朋友，你大可以安心地坐到他的身旁去一吐心事，这样做会非常有效。

如果有人耐心地倾听你的心声，并且不断地点头，附和说"嗯嗯"，你的情绪就会慢慢变好，从而从负面情绪中彻底走出来。

---

[1] 在日语中，"说"和"放"是同音词。

习惯 **37**

放松

当与难缠的对象打交道时，
你应该将他的背景想象为橙色

为了稍微改善一下你对那些难缠的对象的印象，你可以试着将他们的背景想象成暖色调的橙色

人们往往会按照自己的主观印象来看待对方。比如：一旦将A先生定位为"难缠的对象"，再想起A先生时，看到的都是他身上令人感到不舒服的特质。

在心理学中，这种现象被称为确认偏差[1]。从这种角度来看，无论是谁，心里都会有令自己觉得难缠的对象。这是非常自然的。

只是当难缠的对象是上司、合作伙伴和客户时，每天在工作中就要背负巨大的压力。一方面心里想着"这个人太难缠了，太讨厌了"从而产生严重的抗拒心理，另一方面又不得不强迫自己去与对方打交道，结果使自己痛苦不堪。此外，自己这种矛盾的心理状态也会在无意间传递给对方。

---

[1] 确认偏差，指人们会倾向于寻找能支持自己观点的证据，对支持自己观点的信息更加关注，或者倾向于按照支持自己观点的方向解释已有信息。

　　在这里我将介绍一种基于色彩心理学[1]的习惯，以帮助大家从善意的角度思考问题。

　　我们先来做一个色彩实验。

　　首先，想象一下当你想起自己认为难缠的对象时，最先想到的颜色是什么。恐怕许多人都会联想到黑色、灰色或者蓝色等冷色调吧？

　　然后，试着将难缠的对象的背景想象成橙色。

　　橙色是一种暖色调，会给人一种亲切、明亮的感觉。人们对颜色有不同的偏好，但是讨厌橙色的人并不多，橙色往往被认为是充满善意的颜色，所以容易被人所接受。通过想象以这种颜色为背景，可以改善自己对对方的不良印象，从而变得比之前更热情地对待对方。

　　只需要将对方的背景想象为橙色，稍微改变一下主观定位，就可以改善自己对对方的印象。

　　我的客户S先生有一个习惯，那就是当遇到自己认为讨厌的对象时，往往"会将对方的背景想象成橙色，并且试着想象对方最美的

----

　　[1] 色彩心理学是十分重要的学科，在自然欣赏、社会活动等方面，色彩在客观上是对人们的一种刺激和象征；在主观上又是一种反应与行为。色彩心理通过视觉，从知觉、情绪记忆、思想、意志、象征等，其反应与变化是极为复杂的。色彩的应用，很重视这种因果关系，即由对色彩的经验积累而变成对色彩的心理规范。受到什么刺激后会产生什么反应，都是色彩心理学所要探讨的内容。

笑容"。

　　这是一个简单的习惯，因此随时随地都可以发挥作用。一旦掌握之后，可以轻松缓解人际关系方面的压力。

习惯 **38**

转换

当与难缠的对象打交道时，
你应该试着将他们与自己遇到的
"最坏的人"相比较

当遭遇难缠的对象时，你可以试着将他与自己遇到的"最坏的人"相比较。如果你觉得"与那个人相比，眼前的这个人还算好的"，自然就会看见难缠的对象身上的优点了

有些时候，你是不是也会在不知不觉间拿自己觉得难缠的对象与真心尊重的人相比呢？心里总是问："为什么这个人会这么坏！如果是××，肯定不会这么做……"

一旦自己觉得"这个人真难缠，太讨厌了"，就会受到前文所述的主观印象的影响。无论这个人再做什么，自己都会只关注那些令人讨厌或者反感的特质，从而加剧对他的负面印象，陷入恶性循环之中。

我们在与难缠的对象接触时，如果动辄就将他们与自己"崇拜的人"或"幻想中的完美偶像"相比较，心中肯定会觉得他们一无是处，根本不值得沟通交流。一旦产生了这种态度，就算自己不用语言表达出来，也会被对方察觉。无论是谁，如果被对方看成是"令人讨厌的家伙"，都会感到心里不舒服。

从心理学的角度来看，人们总是向自己关注的地方聚焦。因此，自己越是关注对方身上令人讨厌的特质，就越觉得对方令人格外厌烦。

那么，究竟该怎么做呢？

我们可以试着"转换关注焦点"。

也就是说，不去关注对方"令人讨厌的特质"，而是多看看"对方身上的闪光点"。如果能够试着多去看"对方身上的优点",就会发现"原来他身上还有这么多闪光点",从而开始注意到对方好的特质。

因此,我的建议是如果非要将对方与其他人进行比较的话,为什么不试着将其与"最坏的人"相比呢?这样一来,就会产生"嗯……还是要比那个人强多了"的想法,从而让自己可以冷静下来去寻找对方身上的闪光点。

请大家一定要试着养成一个习惯,当遇到难缠的对象时,应该试着将他与自己过去遇到的"最坏的人"进行比较。

比如:针对对待下属过于严厉的上司,可以与之前遇到的不关心同事的员工、从不批评、教育员工的上司相比较,就会发现他实际上是一个充满责任感的人。

此外,针对固执己见、喜欢强行推行个人想法的上司,可以与之前遇到的过分在意员工意见、优柔寡断的上司相比较,就会发现他实际上是一个具有领导能力的创新者。

如果能从"比起那个人来他还是有优点的"的角度出发思考问题,自然会发现难缠的对象也是有闪光点的。

本来,将对方与某个人相比并进行对照评价可能就是荒谬的,也是毫无意义的。但是,既然是为了工作,与其按照个人情感好恶行事,还不如通过转换视角来改变行动方式。

这是教练领域常用的一种方法——重塑。只要看一下深谙为人处世之道的人,就会发现他们往往喜欢保持中立立场,无论对谁都是同样的态度。

　　培养这个习惯的目的是通过改变你看问题的视角，来提升工作表现。如果能够利用习惯转换心情，从此摆脱凭心情办事的状态，就可以将精力集中到眼前的工作中，从而更好地履行自己的职责。

习惯 **39**

转换

当所在的部门内有难缠的对象时，
你应该试着想一下
与这个人交往5年之后的场景

5年后

当你为工作单位的人际关系感到烦恼不已时，你应该试着想象
一下"5年之后，自己与这个人之间的关系会发展成什么样"

工作中面临的最大困难往往是人际关系带来的压力。如果是非工作场合，还可以选择躲开那些"难缠的、令人感到讨厌的人"。但是，如果是在工作场合，那些令人感到巨大压力的人往往是同一部门的同事，或者是接触频率较高的上司、客户，因此，有时难以"从物理上与其保持距离"。

在公司的人际关系中，存在着各种各样的压力，比如："过于害怕失败后上司怒不可遏的训斥，令人无法集中精力工作""每次不得不给比自己工资高的前辈收拾烂摊子，心里总在问为什么是我来干这种苦差事""明明非常努力地工作，为什么还有同事将我当成白痴一样取笑""当自己集中精力工作时，旁边的同事却在大声聊天，自己对此感到束手无策、无计可施""为什么总是由我来应对歇斯底里的同事，莫名有一种吃亏的感觉"等。只要你在职场之中，就必须面对这些压力。因此，这种焦躁不堪、心情烦闷的状态会一直延续下去，从而严重影响工作的效率。

作为解决人际关系遇到僵局时的措施，在教练领域，我推荐大家从"错时"的角度出发思考问题。下面，我将介绍一个应用这种思维方式的习惯。

当你由于工作单位复杂的人际关系，陷入焦躁不堪、心情烦闷的状态时，可以试着问一下自己："5年之后，自己和那个人之间的关系将是怎样呢？"

明年你和他都有可能调整工作岗位，也有可能会调来新人，因此，彼此之间的关系可能会发生变化。更何况是5年时间，总有一方可能会调动。也就是说，"现在的关系不会长期持续下去""只不过是暂时性的烦恼而已"。

但是，即使这么想，有时也无法有效地调节自己的情绪。在这种情况下，就要再问问自己："5年前自己曾为什么样的人际关系而感到烦恼呢？"

这样一来，就会发现一个问题。那就是大多数人都想不起来自己当时是为什么样的人际关系而烦恼了。

如果这样还是感到心里不舒服，可以试着问一下自己："现在还在为5年前感到困惑的人际关系而烦恼吗？"

对于工作中的人际关系问题而言，即使不去积极想办法解决，也可以交给"时间"来处理。随着时间的推移，许多时候问题就自然而然地解决了。就算那个难缠的对象并没有发生任何改变，并且还与你在同一部门工作，只要上司变了，情况也会发生变化。如果对方是上司，只要你升职了，你们之间的关系就会从上下级关系变成同级关系，局面自然就不同了。

此外，即使双方的立场都没有发生变化，有时也能顺利解决问题。这是因为就算你自己感觉不到，但大家都是在不断成长进步的，看问题的视角和待人接物的方式也会不断发生变化。

　　即使"现在的你"无法理解或接受，"经过5年成长之后的你"视野会变得更加开阔，也许就可以理解或接受了。

　　不仅仅是你，对方也在不断成长和变化。准确地说，5年后绝不会出现与现在完全一样的情况。因此，请大家尽管放心，关于工作中的人际关系，现在感到烦闷不已的事情5年之后根本不会像现在这么介怀了。

习惯 **40**

转换

当所在的部门内有难缠的对象时，
你应该接受"自己觉得别人讨厌"这种情绪
本身是合情合理的

如果令你感到焦躁不堪的事情是自己无法对"难缠的对象"
产生好感，那又有什么关系呢？如果能够接受这样的自己，
你的心情就会变得轻松了

在读完习惯39之后，可能有人会觉得"虽说如此，在实际工作中还是不得不面对人际关系带来的烦恼，总得想想该如何面对"。针对持这种观点的人，我推荐一个习惯。

我们往往会在不知不觉间，被一些思维定式所支配，比如"毕竟我们都是在社会中生活的人，应该与同一部门的人融洽相处""心里不能有觉得厌烦的人""必须尊重上司"等。

但实际上，一个人觉得某些人很讨厌是再自然不过的事情。

请大家回忆一下自己刚上小学时的情景。老师肯定会对大家说"一定要与班级的所有同学和睦相处"，但最后你和所有的同学都保持良好的关系了吗？

在问自己这个问题时，我不禁一阵苦笑。因为我的脑海中立刻就浮现出了自己觉得讨厌的同学的面孔。

当然，最理想的状态自然是与每个人都保持良好的关系。

然而，如果片面追求人际关系的理想状态，无异于自己给自己戴上了沉重的枷锁，就本末倒置了。人本来就应该有自己的好恶。作为人，无论是谁，都会遇到与自己性格不合的人。

因此，在处理工作中的人际关系时，如果感到焦躁不堪、心情烦闷，完全可以试着在自己心里说"我现在对××感到极为厌烦""我现在觉得××很难缠"。

就算我们想要在大脑中理性地压抑焦躁、不安和烦闷的情绪，也是难以如愿的。与其这样，还不如坦诚地面对这种情绪。这样一来，反而会令人感到心情舒畅。

如果认为一个人因为人际关系而感到烦恼是不值得的或者是可耻的，就可能会因此感到痛苦。但是，只要换个角度思考问题，试着接受"可以在工作中有自己讨厌的人""允许为工作中的人际关系感到烦恼"的想法，心情就会变得轻松多了。

只是有一点需要特别注意，那就是应该正确区分"对一个人的好恶"与"如何对待这个人"之间的差别。虽说对方是自己觉得讨厌或难缠的对象，但是草率地对待他们或者直接对他们宣泄不满，都是错误的做法。在处理工作中的人际关系时，有一个基本前提，那就是即使讨厌对方，也要坚持完成自己的本职工作。

令人觉得意外的是，与那些整天黏在一起的亲密关系相比，适度保持距离，分别独立开展工作的关系，有时更容易提升工作效率。

习惯 **41**

转换

当为人际关系感到心力交瘁时，
你应该试着去给办公室内的植物浇水

当被上司批评或与同事发生矛盾时，你应该试着给办公室内的植物浇浇水，通过与人以外的生物接触，转换自己的心情

当你为工作单位内的人际关系而感到心力交瘁时，应该试着与人以外的生物接触一下。

实际上，与动物和植物接触，不仅会对人的精神层面带来有益的帮助，还会稳定人的血压和脉搏。

在新闻报道和电视节目中，我们可以发现正如动物疗法[1]这个术语在日本国内越来越被接受一样，通过将治疗犬引入护理机构，可以让住院治疗的人们拥有稳定的情绪和安详的笑容。于是，有些公司也开始在办公场所内饲养犬类了。

---

[1] 动物疗法（animal therapy）亦称"宠物心理疗法"，是通过饲养动物的方式进行心理治疗的方法。这通常只是作为一种心理治疗的辅助手段，或者作为其他形式的心理治疗的准备步骤。其实施过程为，先让患者抚摸动物并与动物说话，进而鼓励患者与人交往，以改善患者与人接触、讲话的能力。动物疗法对于老年孤独症、抑郁症、情感淡漠和处于焦虑状态的患者，都具有激励生活乐趣及改善心境的治疗作用，尤其有助于发展长期住院精神病患者有意义的言语和非言语交流，帮助他们重新社会化。动物疗法选用的动物应依据患者的爱好，一般挑选对人无害的、驯服的动物，如狗、猫、鸟类和各种观赏鱼类。

虽说如此，饲养宠物的公司毕竟还是少数。因此，最为现实可行的方法，还是采取下述方式缓解压力。

·给植物浇水；

·给花瓶换水；

·眺望一下办公室外绿树成荫的风景；

·静心倾听小鸟的鸣叫声。

为了转换心情，可以试着养成"给工作单位的植物浇水"的习惯。

人就是这样，一旦拥有不同的感受，就可能转换心情。当你为工作单位内的人际关系而感到心力交瘁时，一定要试试这种方法。

习惯 **42**

转换

当感到身心俱疲时，
你应该试着评估一下自己的
心理和身体的状态

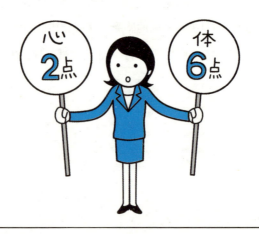

当身体状况不佳却无法请假休息时，不要总是勉强自己靠意志力去坚持。你应该先对自己的心理和身体状况进行量化评估，当你了解了自己的真实状况后，就可以制定出应对策略

我曾经在电视访谈节目中，看到日本著名棒球明星田中将大[1]对年轻选手们说："实际上，在我们的职业生涯中，身体状况极佳的时间非常少，大多数时间都处于普通状态，有时甚至处于低谷期。因此，必须冷静思考自己在目前的状态下到底能做些什么。"

听到他给出的建议之后，我立刻产生了共鸣。因为我曾经为伦敦奥运会日本代表团的选手们提供过心理辅导。当时，我对选手们讲的话也如出一辙。

不仅仅是顶级选手，我们这些商务人士也难以长期保持100%良好的状态，在不知不觉间，往往会出现焦急烦躁、睡眠不足、头痛腹痛等状况。在此，我将向广大读者朋友介绍一个顶级运动员们应对这种局面时采用的有效习惯。

当你感到"今天的身体状况不太好"时，应该试着对自己的心理和

---

[1] 田中将大，出生于兵库县伊丹市，日本职业棒球运动员。在2006年日本职棒高中生选秀会上，被东北乐天金鹰队选中，此后开始职业生涯。在2014年与纽约洋基队签订了总价值为1.55亿美元的合同，期限为7年。

身体状态进行"量化评分"。

看看如果按照10分制计分的话，你现在的"身体状态"能得几分，你的"心理状态"又能得几分。这样就能评估出自己的状态得分。

比如：当你的身体状态得分为6分、心理状态得分为2分时，你就会发现自己的"心情正处于低落状态，远比身体的疲劳更为严重"。这样一来，你就可以客观地掌握自己当前的状态。

并且，当你可以用分数来量化自己当前的状态时，即使得分较低，也有利于思考低分时相应的应对措施。就算不能将2分的状态一下子提高到10分，也可以一步一步地改善，先思考一下提高1分后将会变成什么样的状态。这样一来，就可以有针对性地将状态评分提高到3分。

有些人想要用"心态问题"来敷衍状态不好的真实原因。但实际上，这是一种非常危险的行为，与开车时的情形非常相似。开过车的人都知道，当车内剩余的汽油量不足时，"加油指示灯"就会亮起。这时，如果驾驶者罔顾实际情况，武断地觉得"还能继续向前开"，并踩下油门加速前进的话，很容易就会出现问题。

在关键时刻，如果出现身体状况的问题，你可能会觉得非常遗憾和惋惜。但是，如果不了解"自己现在的情况"，根本就无法采取适当的应对措施。首先，应该尝试一下对现状进行量化评估的习惯。然后，试着探索适当的方法以创造出符合各自评分的成果，比如：2分时有2分的应对方法，3分时有3分的应对方法。

在现实生活中，有许多人觉得单凭"勇气和决心"就可以克服所有的困难。

　　确实，如果是几小时就能解决的问题，怎样也得想办法克服困难，坚持一下。但是，一旦陷入长期消耗的局面，恐怕就无法一直坚持下去了。

　　就算用各种各样励志的故事来欺骗自己，局面也不会向好的方向发展。无论面对怎样的局面，都要了解"自己现在所处的状态"，并想方设法地推动局面向好的方向发展，这一点是至关重要的。

习惯 **43**

转换

当为个人事务感到心烦意乱，
无法集中精力时，
你应该将这些烦心事锁进抽屉里

当因为个人事务而感到心烦意乱，无法将精力集中到工作中
时，你可以将所有的烦心事都写在纸上，并暂时锁在抽屉里

家人的健康状况、孩子的成长、夫妻关系、按揭房贷、筹备同学聚会、自己支持球队的比赛结果、爆炸性新闻等，如果过分关心这些工作之外的事情，就会影响自己的精力，从而导致自己无法将注意力集中到工作中，你是不是也有类似的经历呢？恐怕还有许多人被情感问题占据了整个大脑，要么患上了单相思，要么为失恋悲伤不已，根本无暇顾及其他事情。

我想大家都听过"多任务"（multi-task）这个词吧？严格地说，人每次只能同时思考一件事情。当你的脑子里堆满了烦心事时，就无法有效地开展工作了。

在这种情况下，应该养成一个习惯，将自己担心的事情和关注的事情写在纸上，锁进办公桌的抽屉里。一旦把烦心事写成白纸黑字，就可以有效地转换自己的情绪了。

首先，将自己关注的事情写成文字，也就是实现"可视化"。这样一来，就可以通过具体的、可视化的形式展示出大脑中抽象思考的事物，从而减轻大脑负担，让自己变得轻松舒畅起来。

然后，将写好的便签锁进抽屉里，从自己的视线范围内移开，通过这种方法可以让自己逐渐忘记那些烦心事，不再时时牵挂、难以释怀。

不管什么，只要是你担心的，请尽管写出来。比如：是不是忘了锁上家里的门？孩子们在学校里表现得怎么样？想看足球比赛，现在场上比分是多少呢？通过电子邮件给自己喜欢的人发了一封邀请信，但是迟迟没有得到回音，对方到底是怎么想的呢？和女朋友吵架，想要重新和好，女朋友会不会同意呢？从老家来游玩的家人们安全到家了吗？必须确认一下周日活动的会场，看看是不是有问题……通过将这些便签放在办公室的抽屉里或者公文包中，可以把它们暂时放在一边，把精力集中在自己的工作中。

我的客户T先生一遇到烦心事，就无法将精力集中到工作中。因此，他就养成了一个习惯，每天早晨开始工作前，将自己工作和生活中遇到的烦心事全部都写在纸上。

虽然人在办公室，但是如果心思和想法不在的话，就无法将精力集中到工作中。

为了避免出现这种局面，请将烦心事全都写出来，与自己保持一定的物理距离。

习惯 **44**

放松

当工作安排不紧张时，
你可以考虑筹划令自己愉快的休假计划

在今天或明天没有紧急工作要完成时，你可以转换平时的工作模式，试着考虑一下令自己愉快的休假计划

　　无论多么忙的工作，都不会只是一个节奏，总会存在没有紧迫任务压力，可以轻松喘口气的日子。当工作安排并不那么紧凑时，虽然也可以挤出时间"推进之前积压下来的工作"。但是，我还是建议大家尽量多去考虑工作以外的事情。

　　显而易见，我们生存的目的并不"只是为了工作"。虽然每个人工作的目的可能不尽相同，但说到底工作只是生存的"手段"而不是生存的"目的"。

　　如果每天都被工作压得喘不过气来，有时就会在不知不觉间，将"迅速处理眼前的工作"当成生存的最终目的。这样一来，就容易认为"工作处理能力=自身价值"，从而陷入过度追求工作效率和成果的误区。包括我自身在内，一旦光顾着埋头干工作，有时反而容易荒废了自己的人生。

　　然而，如果每次都要思考"处理这件事对自己的人生究竟有什么意义"的话，就又显得过于沉重了。

　　工作中的空闲是非常难得的机会，让我们有机会多思考一下自己的人生，而不被眼前的小事蒙蔽了双眼。

在这种情况下，我建议大家抽出一定的时间来思考"整个职业生涯"和"整个人生"。虽然"职业生涯"和"人生"其实有些模糊，令人难以把握，导致许多人都会为具体该想些什么而感到困惑不已，但是大家根本不必把问题想得这么复杂。

实际上，只要试着想想"下个周末该干些什么""休息时该干点什么才能令自己感到高兴""自己究竟喜欢干些什么"，就可以了。

大家可以利用非工作时间在自己家里尝试这个习惯。但是，出人意料的是，如果缺乏一定程度的紧张感，往往无法达到预期的效果。因此，可以先试着在公司做做看。在我的客户中，有人喜欢在办公桌旁边，边看日程表边思考，也有人喜欢在办公室内边踱步边思考。

之所以采取这种方式，是希望大家能够养成同等重视工作和生活的习惯。

实际上，相关调查结果显示：一个人休息得越充分，工作表现就越能得到改善。在安永会计师事务所[1]实施的调查中，发现员工们在得到充分休息后，工作表现有了很大改观，离职率也大幅降低。

大家完全没必要为暂时忘却了眼前的工作而感到内疚，一定要试着找机会，悠闲舒适地过上几天远离具体工作和截止时限压力的日子。这

---

[1] 安永会计师事务所（Ernst & Young）是全球领先的专业服务公司，提供审计、税务及财务交易咨询等服务，至今已有一百多年的历史。目前，安永会计师事务所在全球150多个国家和地区设有700多个办事机构。

样一来，就可以站在之前从未注意到的观点和角度来看问题，从而得到新的感受和体会。

　　快乐是滋养心灵的源泉。我建议那些之前总是无法将精力集中到工作上的人，先放下工作上的压力，度过充实而有意义的假期。

习惯 **45**

增强

当工作陷入僵局时，
你应该试着向周围大声喊出自己的"宣言"

当由于过度松懈导致工作迟迟无法取得进展时，你应该向周围的人发出宣言，表明"从现在开始，我将接手这项工作"的立场，下定言出必行的决心，正式启动工作

日复一日从事同样的工作是导致工作状态拖沓的重要原因之一。一旦大家习惯了日常工作，就容易放松警惕，产生懈怠感，导致工作无法顺利开展。

在这种情况下，可以尝试对周围的人发出宣言，表明自己正在干的工作。

我们将来自周围人的压力称为"同伴压力"（peer pressure）。这种心理压力是一把双刃剑，既会带来正面影响也会造成负面影响。

比如：当完成了工作准备按时下班时，突然发现其他同事正在加班后，自己会在不知不觉间继续加班。你是否也有类似的经历呢？明明没有人提出具体的要求，为什么要主动加班呢？因为这是"必须与周围的人保持一致"的心理压力作用的结果。

另一方面，在这个习惯的作用下，可以充分发挥心理压力的积极作用。"既然已经向周围的人发出了宣言，必须努力实现""周围的人会对我提供帮助，因此可以放心地去尝试"，这样一来，就可以给自己施加适当的压力。

对于那些习惯于单兵作战或者不愿意向同事吐露自己心声的人，我推荐**使用社交媒体来发布"努力工作的宣言"。**由于面对的是没有利害冲突的朋友和网友，因此往往会得到许多人无私的支持。

当你看到他们发来的"加油啊！""我会永远支持你的！""我也在努力，咱们一起加油！"的消息和留言时，就会感到万分欣喜，受到极大的鼓励。

习惯 **46**

增强

当在办公室以外的场所工作时，
你应该选择固定的餐厅喝固定的饮料

你可以试着在工作单位以外寻找一个固定的办公场所。在选
择时，不仅要将餐厅固定下来，还要将饮品和座位也固定下
来。这样有利于迅速将精力集中到工作中

　　我每周都要推送一期名为"一分钟行动创新"的邮件杂志[1]。在编辑杂志时，我选择"有家咖啡厅"作为工作场所。之所以这样做，是因为每周都在同一时间和同一地点准时开始工作，有利于自动转换至工作模式，工作效率也比在办公室时要高得多。

　　我还特意制定了一条规定，那就是在完成杂志出刊之前，不吃任何东西，直到出刊之后，才吃一块自己最爱的小仓烤面包片。

　　还有一点需要特别注意，那就是要尽量保持"休息场所"和"工作场所"的相互独立，平时尽量不带家人等与工作无关的人去自己选定的作为"公司之外办公室"的餐厅。

　　当进入工作模式时，我一般只喝不加糖和奶的黑咖啡，试图通过场所

---

　　[1] 邮件杂志是一个统称，泛指各类利用电子邮件的强大通信功能，定期向订阅者提供信息内容的网上新媒体，一般免费订阅，其中最常见的是所谓的"邮件列表"。用户通过网站，把自己的邮箱地址发送出去，然后就会定期收到该网站推送的邮件杂志了。

和饮品营造将自己带入工作模式的锚定[1]。

所谓"锚定"是指通过五官感觉获取的信息，刺激产生特定条件反射的过程。"当你在大街上听到学生时代耳熟能详的歌曲时，会情不自禁地想起初恋情人"，这就是自然而然形成的锚定。我们也可以人为地创造出这种条件反射。

在办公室以外的场所工作时，应该固定餐厅和饮品。进店后，应该立即开始工作。这样一来，今后只要到店里，就可以自动开启工作模式。这就是帮助大家迅速将精力集中到工作中的锚定。如果是喜欢喝红茶的人，还可以明确更多的细节，比如"喝伯爵茶，不加糖和奶"等。这样一来，效果会更好。

我的客户S先生则更为精细，他会在不同的场合选择不同的餐厅作为公司外的办公室，比如：一个人集中精力写稿子或者策划方案时与集体开会讨论时，选择的场所是完全不同的。

尽管每个人的工作岗位和行业种类不同，会对公司外办公室的选择带来一定的影响，但我还是建议大家预留一个只属于自己的私密空间，为自己提供一个能够集中精力工作的良好环境，以便更好地推动工作顺利进行。

---

[1] 锚定（anchoring）指当人们需要对某个事件做定量估测时，会将某些特定数值作为起始值，起始值像锚一样制约着估测值。在做决策的时候，人们会不自觉地给予最初获得的信息过多的重视。

习惯 **47**

增强

在离下班还有30分钟时，
如果感到精神懈怠的话，
你应该使用沙漏计时程序开始
"属于自己的倒计时"

在离下班还有30分钟时，你应该试着用沙漏计时程序开始倒计时，发起最后的冲刺

你每天是怎样度过下班前的30分钟的呢？

我想肯定有人会觉得下班时间近在眼前了，于是开始放松精神，想要歇一歇、喘口气，并提前准备下班回家。

但是，如果能充分利用下班前的30分钟，加足马力全力以赴地都投入工作中，有时会取得超出预期的效果，甚至比加班一两个小时的成果还多，从而更为有效地推动工作进展。

在这种情况下，帮助大家集中注意力的秘密武器就是"沙漏计时软件"。如果你手头有实体沙漏，那也可以使用实物计时。但是，最近出现了"沙漏倒计时""萌宠沙漏计时器"等智能手机应用程序，使用起来非常方便。这些程序可以通过声音、振动、指示灯闪灭等方式，通知你时间到了，因此可以放心大胆地灵活使用。

当你意识到快要下班时，可以一边用沙漏开始倒计时，一边着手处理一些相对较难的工作。在处理棘手的事务时，如果不提前确定结束的时间，就容易过度消耗时间和精力。如果能将工作时间限定在下班前的30分钟以内，无论从精神上还是从时间上，都不会带来过度的负担，有利于轻装上阵开展工作。

在我的客户中，有人喜欢利用这30分钟撰写策划书的草案，有人喜欢着手处理第二天最重要的任务，也有人喜欢完成之前一直拖而未决的工作。

脑科学家在实验中发现，设定了适当的限制时间，可以比未设定适当的限制时间时更好地调动大脑工作。

如果能用较短的时间处理性质相同的工作，不仅可以提升工作能力，还能增加个人可自由支配的时间。这样一来，就能进一步提高工作的效率，创造出用于充分休息、恢复精力的时间，并集中精力重点处理那些备受关注的重点工作。此外，在下班之后，还可以早早回家，花时间处理一些平时来不及处理的工作之外的事情。

请大家一定要试试"从离下班30分钟开始倒计时"的习惯。

习惯 **48**

转换

当准备加班时，如果想要转换心情，
你应该试着在办公楼内散散步

当准备加班时，你可以试着走出现在所在的办公室，到外面去散散步。通过主动休息，按照自己的方式稍微停顿一下，你可以转换心情，从而更加高效地利用时间

每天一到下班时间，准备回家的人和从公司外办事回来的人，都会一窝蜂地返回办公室。这样一来，办公室里瞬间就会充满喧闹嘈杂的声音，公司内的工作节奏也会在不知不觉间变得慢下来。如果急于在这种氛围下开始加班，就会受到环境的影响，无论如何也提不起精神，容易在拖沓的情绪下开始工作。

当然，每个人加班的动机和目的并不是一样的，肯定存在为了加班而加班的情况，比如：必须等到上司先走自己才能下班，不能比老员工们走得早，担心按时下班会被认为是缺乏干劲的懒员工，觉得加班是理所应当的，工作量太大不加班就完不成任务，等等。

因此，我在这里向大家介绍一个习惯，可以帮助大家更好地利用加班时间，将精力充分集中到工作中，确保更加高效地开展工作。

那就是在进入加班时间后，稍作调整，走到所在办公室的外面，在公司内散散步。这是一种主动休息（积极休息，即通过调动身体驱赶疲劳的方法），可以有效地调整情绪。

如果长时间窝在办公室里，很难感受到时间的变化，就容易产生错觉，认为时间是永恒不变的。这样一来，很可能会出现工作拖沓和过度加班的情况。

　　与一直坐在办公室里工作相比，在公司内散步后，工作时的注意力会变得更加集中，思路会变得更加活跃，视野也会变得更加开阔。有时，还会发现一些平时注意不到的问题，产生一些新的想法，比如："原来如此，关于这项工作，我可以试着去找找A先生""可以去找B先生商量商量"等。此外，通过与平时不怎么接触的人聊天，有时可以搜集到对工作有用的信息，甚至能发现解决工作问题的灵感。

　　如果时间充裕的话，就算没有什么必须做的事情，也应该到公司周围去呼吸一下新鲜空气，光是这么散散步就可以得到很好的休息，整个人的精神面貌也会焕然一新。大家可以试着去喝杯咖啡或者红茶，也可以吃些巧克力作为加班食品来犒劳一下自己。

　　当你通过运动来放松时，大脑内的供氧量会显著增加，因此更容易迸发出思想的火花，想到好的创意。反正都是要去加班，还不如选择"主动休息"，以便更加有效地利用时间。

习惯 **49**

放松

如果想要提高睡眠质量，
为第二天精力充沛地工作创造条件，
你可以试着在睡前播放有助于睡眠的音乐

在睡觉之前，你应该播放一些有助于睡眠的"打烊曲"（power off song）。这样可以帮助你放松心情

　　不管你在小酒馆里聊得多么开心，也不管你在商场里逛得多么高兴，只要听到《萤之光》[1]的背景音乐，就知道已经到了关门打烊的时候，便自然而然地开始收拾，准备离开商场，或者快点回家了。

　　恐怕对于日本人而言，听到《萤之光》这首歌就意味着到了毕业典礼时间、分别时间、关门打烊时间。这种观念可谓根深蒂固、深入骨髓。

　　作为商家，与突然打烊相比，往往会通过播放《萤之光》的曲子进行提醒。这样一来，会起到很好的效果，有利于得到顾客的理解从而顺利关店下班。

　　同样道理，如果能在正式就寝前放上一支"打烊曲"，就可以帮助自己稍稍放松紧张情绪，做好就寝的准备。这样一来，就能让自己更容易

　　[1]　《萤之光》是日本组合"生物股长"的第14张单曲，由水野良树填词作曲、吉冈圣惠演唱，于2009年7月15日由日本史诗唱片发行，是动画片《火影忍者疾风传》第五首片头曲。在日本，商家常常将这首歌当作晚上关门打烊时的歌曲，提醒顾客注意时间。

进入甜蜜的梦乡。

选择的"打烊曲"与调动主观能动性时的"土打歌"不同，应该是那些可以令人感到放松踏实的曲子。在这里，我向大家推荐《月亮河》[1]和法国作曲家德彪西的《月光曲》[2]。

我的客户中，有人选择将没有歌词的疗伤音乐[3]作为"打烊曲"。他们往往会一边听着疗伤音乐，一边刷牙、换睡衣，逐渐将大脑切换至休息模式。

特别是在工作繁忙的日子里，我建议大家将这个习惯当成一种仪式，作为切入休息模式后帮助睡眠的具体方法，这样能够取得更好的睡眠效果。

---

[1] 《月亮河》也译作《月河》，是一首由奥黛丽·赫本演唱的歌曲，1961年在电影《蒂凡尼的早餐》中第一次播放。该曲由强尼·莫瑟（Johnny Mercer）负责作词、亨利·曼西尼（Henry Mancini）负责作曲，一举拿下当年奥斯卡最佳歌曲奖与最佳配乐奖。该曲的中文版由中国当代童话作家王雨然翻译，进一步使其成为家喻户晓的名曲。

[2] 《月光曲》是阿希尔－克洛德·德彪西的作品。《月光曲》隶属于《贝加摩组曲》，作于1900年，是阿希尔－克洛德·德彪西第一期作品中的一个钢琴曲作品。在《月光曲》中，作曲家以朴素的音调给人们描绘出一幅万籁俱寂、月光如洗的图画。《月光曲》采用了古老的多里亚调式，充满了画意诗情。

[3] 所谓疗伤音乐（healing music），就是音乐性弱，速度舒缓，不像流行音乐强调简洁明快的节奏。不过疗伤音乐并非对身体各部位进行理疗，而是通过音乐让人安眠、减压与稳定情绪，是一种功能性的音乐类型。

习惯 **50**

放松

如果想要提高睡眠质量，
你应该在睡前关闭所有可以上网的电子设备

在晚上睡觉之前，你应该关闭计算机、智能手机、平板计算机等所有可以上网的电子设备。这样一来，你可以睡个好觉，第二天起床时就会觉得精神百倍

　　"明明睡得挺早的，为什么我还会感到疲惫不堪呢？""为什么我总不想睡觉呢？"我想无论是谁都会有这种经历，睡眠不足带来的影响是非常大的，往往会因此而导致一天过得无精打采。

　　虽然心里总是提醒自己，"最好还是改善一下睡眠质量"，但是，工作的截止日期越来越近、需要加班和完成接待任务、要忙着组织座谈会、上班路上需要耗费时间……碍于各种压力，这件事往往无法如愿。

　　除了工作以外，每个人都有自己不得不挤占睡眠时间去处理的杂事，比如：人际交往、学习、培训、志愿者活动、调节情绪、疏解压力、教育孩子、做家务和照顾老人等。

　　睡眠不足不仅会削弱体力导致注意力不集中，还会对精神状态造成负面影响。实际上，有时人们之所以会感到焦躁不安和莫名烦恼，可能就是因为睡眠不足。不仅如此，长期睡眠不足还会导致判断能力下降。

　　睡眠效果是通过"时间×质量"来评估的。针对那些难以增加睡眠时间的人，我建议最好能够养成提高睡眠质量的习惯。

　　我有一个习惯：**绝不将连接互联网的电子设备带进卧室**。夜间睡眠不仅可以恢复体力，还可以充分放松大脑和精神。

为了明确工作与休息的分界线，我尽量不在晚上9时以后上网。在临近睡觉之前，我会彻底关闭所有能够上网的电子设备，电视自不必说，计算机、智能手机、平板计算机等也都不会遗漏，通过这种方式来结束一天的工作。

在习惯4中我曾经提到过一天之计在于"晨"，要重视"早晨"拉开帷幕进"入"工作状态的时间。同样，我也非常重视"夜"的概念，也就是晚上睡觉前走"出"工作状态的时间。

从脑科学领域的视角来看，以什么样的状态结束一天的工作是至关重要的。这是因为大脑有一个特性：会在睡眠过程中重复睡觉之前看到的场景。

有些人可能会觉得"让我不看智能手机实在是太难做到""如果不上网的话，反而会担忧影响睡眠质量"。此外，还有些人有睡觉前用智能手机播放音乐或者用智能手机的闹钟功能提醒自己起床的习惯。

在我的客户中，有人一到卧室睡觉，就会将手机切换到"飞行模式"，从而无法上网。

在这里我希望大家能多动动脑筋，避免在改善睡眠质量的同时带来不便。

当你感到睡意时，最重要的就是暂时断绝与外界的联系。

如果睡眠的质量得到改善，工作的表现自然会随之提升。当体力、注意力、精神状态发生改变后，我们就迈出了向拖沓模式告别的坚实一步。对于那些担心彻底断网会影响工作的人，可以先选择一个没有工作任务的周末开始尝试。我相信只要坚持下去，就一定能感受到这个习惯带来的变化，真正体验到神清气爽、精神振奋的感觉。

第三部分

如果能将良好的习惯坚持下去，
人生必会向好的方向发展

Routine actions make a difference
in your life.

如果能将良好的习惯坚持下去，就会进入良性循环

我是为了寻找自己真正想做的事情，才开始涉足基于阿德勒心理学的教练领域的。

之后，我又系统研究了实现目标的方法和路径。现在，我的身份是目标成就领域的专家，主要为活跃在一线的管理者提供心理辅导。同时，我作为教练，经营了一家旨在培养独立自主精神的学校。我还积极从事创作、演讲、培训等工作，可以说几乎每天都在干与成就目标咨询辅导相关的工作。

到目前为止，我为客户提供的具体的、能够付诸实践的习惯估计已经达到数千个了。

在本书中介绍的50个习惯，与其说是"约定俗成"的惯例，不如说是我与客户共同研究逐步完善的"客户订制服务"。我这么说绝没有任何

夸张的成分。在我的客户中，就有人先后养成了数十个习惯。

鉴于此，我从自身在成就目标领域勤勤恳恳工作的实践经验，以及在帮助许多客户实现目标的过程中积累下来的宝贵经验出发，悟出了一条自认为客观合理的道理。

那就是如果能够长期坚持良好的习惯，不仅会让个人工作，还会让家庭生活，甚至让整个人生进入良性循环。

讲到这里，有的读者可能会觉得"鼓吹什么习惯能够改变人生之类的理论，是不是太过夸张了"，但事实就是如此，有许多真实的例子可以证明长期坚持良好的习惯带来的积极转变。比如：

由于工作陷入困境而整夜失眠的人，睡眠质量大幅得到提升，变得能够酣然入睡了；

在遇到难缠的上司时，变得能自如应对了；

在工作中感到困惑的时间越来越少了，能够按时下班回家的日子越来越多了；

在开始养成习惯后，工作业绩不断攀升，令人喜不自禁；

之前明明觉得上班令人感到厌烦不已，现在却在不知不觉间转变了态度，每天都开开心心地去工作，连自己都感到惊讶万分；

终于白手起家，实现了自己的创业梦；

交了女朋友；

在听到家人们闲聊家常时，不再感到无趣，而是发自内心地觉得幸福。

　　这些例子听起来像是企业做的宣传策划文案。但实际上，这些都是我的客户反馈的真实情况，代表了他们的心声。

　　那么，为什么只要养成良好的习惯，就能给工作、家庭甚至是人生带来积极的变化呢？

如果能养成良好的习惯，
就等于掌握了自己专属的能量之源

如果能养成良好的习惯，就能更为充分地发挥主观能动性，以前所未有的积极姿态投身到工作中。也就是说，要在主动承担自我责任的基础上展开行动。

如果一个人将所有的问题都归咎于环境的原因、他人的原因，那么事态就很难发生好转。反之，如果能够意识到自己容易将问题的原因推给周围的人或事，并在积极主动承担责任的基础上展开行动，遇事多问问"目前的自己到底能做些什么"，那么人生就会向好的方向不断发展。

这样一来，即使工作中遇到了问题或者发生了意外，也能够冷静客观地对待，不会盲目地将原因归咎于他人，苛责别人"当时就怪××，要不是他那么说，我也不会……""都怪客户神经太敏感了……"。

在这里有一点至关重要，那就是要主动思考"现在的自己到底应该做出怎样的判断，又该如何采取行动"。

习惯是长期坚持个人选择行为的过程。通过充分发挥习惯的作用，可以将精力有效聚焦到你能够掌控的事物上。这样一来，你就可以主导自己的人生。

所谓由你自己主导人生，是指主动将时间和精力向你希望的方向引导的状态。也就是说，可以通过激发体内潜能向自己提供能量。

与之相反，在感到"消极被迫"的时候，人们往往会陷入精力被不断消耗的状态。

当人们在目标不明确的状态下被迫开展工作，或者像个牵线娃娃一样完全按照他人的命令机械行动时，往往会产生极强的逆反心理，觉得周围的人在干涉自己的自由、束缚自己的手脚，从而变得消极被动起来，导致工作陷入停滞状态。

面对同样一份工作，那些积极主动的人与消极抵触的人之间，消耗的能量和精力是完全不同的。当工作进展不顺利时，人们往往容易陷入工作动力不足的状态。

当一个人的工作动力不足时，就算千载难逢的机会来到了眼前，也难以把握，只能眼睁睁看着它溜走，浪费大好局面，到头来懊悔不已。

这样一来，就会陷入恶性循环，总是习惯将工作推给他人，或者产生当逃兵的想法，觉得"不如辞职算了"。这种人往往会在接近成功之前，因为遭遇挫折而中途放弃，他们的人生必然会不断重复这样的悲剧。

实际上，读者朋友们完全没必要去逐个尝试所有的习惯。对于你而言，可以从急需的、易于操作的习惯开始尝试。然后，再按照你的意愿逐渐培养更多的习惯，从而提高工作效率，增加自己可以控制的时间。

充分发挥习惯的作用，
朝着自己真正需要解决的难题发力

在这里我要说一句可能会引起大家误解的话，即使没有这些习惯，也可以完成工作。

实际上，在社会上，有许多人就是在没有养成习惯，缺乏干劲和动力，处于终日拖拖沓沓、焦躁不安、消极怠工的状态下，混日子过生活的。

但是，正在读这本书的你绝对不会是那样的。

我认为你之所以会选择读这本书，可能是想调节自己的情绪从而全身心地享受工作，或者想要在现在的工作岗位上发挥更大的作用、取得更大的成绩。用一句话来总结，就是为了寻求"改变"。

正是基于这样的目标，我才希望你能充分学习、了解并发挥习惯的作用。

我之所以推荐大家学习这些习惯，还有一个重要的原因，那就是**通过充分发挥习惯的作用，可以将时间和精力集中到对你而言真正重要的事情上。**

如果带着拖沓、懈怠的情绪工作，非常容易感到疲惫，即使没干多少事也会变得萎靡不振。这样一来，当开始面对自己真正要解决的难题时，你实际上已经处于精疲力尽的状态了。就算眼前的事情对你而言至关重要，也会在不知不觉间错过解决问题的最佳时机，从而陷入无限期向后拖延的境地。

那么，对于你而言，真正重要的事情是什么呢？

其实，需要面对的**真正的难题**是因人而异的。比如：

在开展工作时，不靠惰性消极等待，而应该积极主动地发挥创造性去解决问题；

关于是否接受工作，应该制定符合自身实际情况的标准；

在当前的岗位上，应该最大限度地发挥自己的才能；

应该积极培养新人；

不能单打独斗，应该积累团队创造成果的经验。

但是，或许你需要面对的真正的问题并不在工作中。比如：需要陪伴重要的人（夫妻、孩子、父母、朋友）一起共度美好时光；

需要与重要的人构建更为深厚的关系；

需要放慢节奏，抽出时间充分休息；

需要关注自己的健康状况，坚持锻炼身体；

需要在工作以外找到可以充分发挥个人才能的场合。

在这里，我想再问一遍："对于你而言，真正重要的是什么呢？"

运动员们共同的目标是：通过习惯来提升自己的水平，在比赛中充分发挥实力赢得胜利。但实际上，胜利只是手段而已，并不是最终的目的。

就算是奥运会的参赛选手，夺取奖牌也不过是大家共同的目标而已，更为重要的是"在拿到奥运会奖牌后，能够给自己带来什么"。

实际上，每个选手都有自己不同的个人目标，即自己需要解决的真正的难题。比如：

我希望为那些担负着实现国家未来梦想重任的年青一代树立榜样，激励他们怀着"只要坚持做就能成功"的希望不断砥砺前行；

我想证明自己选择这条道路是完全正确的；

我想从赞助商那里多赚些经济报酬；

我希望能够从事与运动相关的工作；

我希望父母以我为荣；等等。

换到工作方面来看，大家努力工作的最终目标并不是赚钱、涨薪、升职或者被公司认可，也不是提高工作效率。实际上，真正伴随我们一生的是"通过工作我们能得到什么""是否将全部精力和热情都放在了对于自己而言真正重要的事情上"。

由此可见，我们将通过习惯激发出来的能量用到什么地方才是最为重要的。

习惯对于集中时间和精力，点燃每个人内心潜藏的热情具有重要意义。

在养成并熟练运用习惯后，你才算得上真正懂得了工作的内涵和意义。

说到底，你能够真正掌控的只有你自己

在工作过程中，大家经常会遇到来自客户的需求和上司的要求，需要面对错综复杂的局面，很容易迷失自己。如果事事都不如人愿，无论是谁都会觉得心灰意冷，懊恼不已。

在这种情况下，我希望大家能明白一点，那就是"归根到底，你能掌控的只有你自己"。著名精神分析学家维克多·埃米尔·弗兰克尔[1]根据自己被关押在纳粹集中营的亲身经历，创作了《夜与雾》一书，向我

[1] 维克多·埃米尔·弗兰克尔（1905—1997），美国临床心理学家，出生于奥地利，是享有盛誉的存在分析学说的领袖。他所发明的意义治疗是西方心理治疗重要流派。他1930年在维也纳大学获得医学博士学位，1949年获得哲学博士学位。第二次世界大战后，他成为美国西南国际大学教授，并任哈佛大学、斯坦福大学、杜肯大学和南卫理公会大学的客座教授。弗兰克尔是言语疗法的奠基者，其治疗理论与弗洛伊德学派和阿德勒学派并称为维也纳三大精神治疗学派。

们传递了重要的信息。那就是即使将人置于集中营这样极端恶劣的条件下，自己仍然能够控制和选择如何去面对这种状况。

习惯可能是一些看起来不起眼的小细节。但是，如果你能认真总结并坚持这些细节，肯定会得到相应的回报。习惯绝对不会让人感到失望。如果将人生比成一场旅行，那么我们当然应该坐在驾驶座上牢牢握住命运的方向盘，由自己决定自己的目的地。然后，选择路线，朝着设定的终点不断前进。我们绝不应该坐在副驾驶座或者后排座位上，满腹牢骚地抱怨，而应该对自己的人生负责，选择积极主动地向着梦想进发。

无论是谁，在面对巨大的挑战时，都可能会遭遇失败。在这种情况下，应该先从作为行动起点的习惯开始做起，只要耐心细致，这些小小的习惯是不会出现任何问题的。

我们最终能改变的只有自己，只有通过改变自己才能够影响其他人。

正如阿德勒所说的那样，从"现在""这里"和"我"开始做起。如果总是想着从"什么时候""哪里""谁"开始，那就永远也实现不了目标。

"实践"是改变人生的唯一途径，"行动"是创造美好未来的最后一步。

灌输和思考都非常重要。但是，坚持并不完美的自我也无可厚非。我们每个人都应该从现在的立场出发，向前迈出一步，真正地行动起来。

人生不能陷入无止境的等待状态，我们都在等着看你如何做出改变。

你什么时候会做出改变？难道不是"从现在这个瞬间开始"改变吗？

你要夺回自己人生的主导权。

你的人生是为了谁而活：为了公司？为了父母？为了上司？为了家人？

实际上，都不是，你的人生就是你自己的，你才是自己人生真正的主宰者。

每个人能掌控的事情可能非常有限。但是，如何去做、以什么样的姿态去做，完全是由你自己做主的。这是你的自由和权利。

果断地向前迈出一步！按照自己的意志，开始行动吧！

结语

（一）

到了现在这个阶段，我必须坦白一件事情。实际上，10年前的我还是一个庸庸碌碌的打工者。不知道为什么，我总是拖沓、懈怠，整天提不起精神。每到星期日的晚上，一想到第二天就要上班，我就会觉得郁闷不已，甚至有一种生无可恋的感觉。但是，10年后的今天，我的人生却完全不同了。我现在已经成了一名教练，为企业家、运动员提供心理辅导，还负责对部分上市企业进行培训。此外，我出版的3本书还创下了销售超过8万册的畅销书纪录。

那么，究竟是什么改变了原本庸庸碌碌的我呢？

秘诀就在于习惯。所谓习惯，简言之就相当于开关。如果养成了习惯并自觉应用到实践中，就会像打开了电源的开关一样，瞬间就会进入良好的状态。与之相反，如果没有养成习惯，就会出现迟迟无法进入状态的情况。自从了解了习惯的秘密，我就开始用心去注意习惯的日常养成，并在具体实践中积极应用。结果，我的生活品质和工作水平得到了显著提升，事业也逐渐进入了正轨，最终按照自己想要的生活方式活出了精彩的人生。

正因为有过这段平庸的经历，我才更想和大家分享交流一下。希望能帮到受困于拖沓、懈怠心理而感到无可奈何的你。实际上，你并不是一无是处，只是还没有参透习惯的秘密而已。在读过本书后，如果你有类似的困惑，请一定要试着去发挥习惯的作用。我想在真正尝试过习惯之后，你定会改变原来拖沓、懒散的状态，变得积极主动起来，甚至每到周末都会迫不及待地等待着工作日的到来。

通过充分发挥习惯的作用，可以让你最大限度地发挥自身的主观能动性，为创造属于自己的未来而努力！

大平信孝

（二）

在学生时代，我第一次遇到丈夫时，看到他身材魁梧挺拔，就有一种仪表堂堂的君子的感觉。

在成为公务员之后，我开始执拗于完美主义，觉得无论什么事情都不能出半点差错，开始过度苛刻地规划自己的职业生涯。当我过了30岁生日，成了孩子的母亲之后，一切都发生了变化。我开始为育儿而疲于奔命，与丈夫经常吵架，工作也陷入了困境。虽然心里想着要全力以赴将所有的精力都投入工作中，却感到有心无力，难以施展拳脚，终日心情郁闷，甚至以泪洗面。这种灰暗的日子持续了一段

　　时间，当我回到家之后，总会担心工作的事情；当我在工作岗位上，却又放心不下家里的孩子。无论做什么事情，都是半途而废、有始无终，始终无法集中注意力，终日叹息生活不易，却不得不苟延残喘。

　　真正促使我发生改变的是习惯。每天早晨一起床，我就像要经历一场激烈的战斗一样，不得不争分夺秒，给孩子准备早餐，送他们上学……但是，在这种情况下，我还是下定决心坚持开始养成一个习惯，那就是确保属于自己的早茶时间。当自己的心情得到平复和放松后，我逐渐发现自己陷入了一个误区，那就是无论是对待工作还是对待育儿，都想做到完美无瑕，导致自己背上了沉重的负担。从那之后，我开始逐渐尝试坚持其他的习惯，最终找回了适合自己的生活节奏。

　　我想许多读者都有一个执念，那就是在工作中拼命追求业绩和成果，不达到目标誓不罢休。在这种压力下，肯定有许多人会感到痛苦不堪。但是，工作原本应该是令人感到快乐的。因为我们工作的动力并不仅仅是出于责任和强制要求，更应该源于对工作真正意义和实现价值、获得成就感的追求。我希望通过这本书给在职场上辛苦打拼的人们带去一点启发，帮助他们养成只需要很短时间就可以实现的习惯，借此调动他们的主观能动性，激励他们以更加积极的心态去享受工作，并在自己的工作岗位上充分展现个人的能力和水平。我坚信只要大家肯努力，无论是谁都能实现这个目标，这也是我提起笔来创作这本书的初衷。

　　我希望这本书能够给更多的读者朋友带去帮助，通过习惯让更多的人在工作中度过辉煌灿烂的时光！

大平朝子

（三）

　　最后，我们要向无私支持和帮助本书创作的朋友们致以最衷心的感谢！特别是以负责本书编辑的泷启辅先生为首的日本山茶花出版社的各位同人，还有负责插图绘制的濑川尚志先生。此外，我们之所以能将全身心都投入工作中，有赖于各位尊敬的客户、朋友和家人的关心和帮助。在此，我们一并表示感谢，真心地对大家说一句："谢谢你们！"

　　还有一点至关重要，那就是要感谢我们的衣食父母——各位读者朋友，是你们给了我们最大的鼓励，令我们有勇气去面对创作中遇到的各种难题。如果可以的话，我们希望能了解一下大家最真实的想法。我们一定会以最诚恳的态度，逐字逐句地研究广大读者朋友给予的反馈，还请大家将自己的感想发送到下述邮箱地址：info@a-i.asia，邮件的主题请写明："小习惯和感想"。

　　我们希望能继续帮助坚持读到最后的读者朋友们度过充实而有意义的人生。因此，我们特意为大家准备了一份礼物，那就是全部50个习惯的一览表。大家可以将这个一览表打印出来贴在墙上，或者粘在笔记本中带在身上，确保随时随地都能提醒自己养成好的习惯。想要下载的朋友们，请登录下述网址：http//a-i.asia/routine。

　　最后，再次对耐心读完整本书的读者朋友们表示最真挚的谢意！

大平信孝　　大平朝子